新能源汽车概论

主　编　朱恩洲　胡　胜　曾　渊
副主编　冉　颖　蔚佳彤　杨　乐
参　编　李红松　李承万　王　婷　黄成玉　谭晓兵

机械工业出版社

本书以国家战略目标为导向，以我国新能源汽车"三纵三横"布局结构为主线，介绍新能源汽车的类型、组成、原理、特点及关键技术，是按照立体化教材建设思路编写而成的"互联网+"与课证融通式教材。

本书主要内容包括新能源汽车的总体认知、新能源汽车的高压防护与维修工量具、新能源汽车的关键技术、插电式混合动力（含增程式）汽车、纯电动汽车、燃料电池汽车和新能源汽车的充换电技术。

本书既可作为职业院校新能源汽车类专业教材及1+X汽车专业领域职业技能等级证书考试培训教材，还可作为新能源汽车行业从业者的岗位培训用书和汽车爱好者参考用书。

本书教学配套资源丰富，配有电子课件、电子教案、任务工单、测试题、动画视频和习题答案等。凡选用本书作为授课教材的教师均可登录www.cmpedu.com，以教师身份注册后免费下载教学资源，咨询电话010-88379201或加QQ1872630618索取资料。

图书在版编目（CIP）数据

新能源汽车概论/朱恩洲，胡胜，曾渊主编. —北京：机械工业出版社，2024.5

ISBN 978-7-111-75722-1

Ⅰ. ①新… Ⅱ. ①朱… ②胡… ③曾… Ⅲ. ①新能源-汽车-高等职业教育-教材 Ⅳ. ①U469.7

中国国家版本馆 CIP 数据核字（2024）第 087950 号

机械工业出版社（北京市百万庄大街22号　邮政编码100037）
策划编辑：于志伟　　　　　　责任编辑：于志伟
责任校对：孙明慧　张　征　　封面设计：鞠　杨
责任印制：刘　媛
北京中科印刷有限公司印刷
2024年7月第1版第1次印刷
184mm×260mm・10.5印张・250千字
标准书号：ISBN 978-7-111-75722-1
定价：45.00 元（含任务工单）

电话服务　　　　　　　　　网络服务
客服电话：010-88361066　　机　工　官　网：www.cmpbook.com
　　　　　010-88379833　　机　工　官　博：weibo.com/cmp1952
　　　　　010-68326294　　金　书　网：www.golden-book.com
封底无防伪标均为盗版　　　机工教育服务网：www.cmpedu.com

前言  Preface

2020年国务院颁发的《新能源汽车产业发展规划（2021—2035）》指出，发展新能源汽车是我国从汽车大国迈向汽车强国的必由之路，是应对气候变化、推动绿色发展的战略举措，新能源汽车是国家战略发展方向。本书以国家战略目标为导向，以我国新能源汽车"三纵三横"布局结构为主线，介绍新能源汽车的类型、组成、原理、特点及关键技术等。另外，本书着重培养学生精益求精的大国工匠精神，激发学生科技报国的家国情怀和使命担当，将习近平新时代中国特色社会主义思想和党的二十大精神有机融入教材的每一个模块和单元中（知识窗），本书还加入了新能源汽车方面的一些新技术（刀片电池、CTB、易四方技术、云辇智能车身控制系统）。

本书是按照立体化教材建设思路编写而成的"互联网+"与课证融通式教材，主要具有以下特色：

1. 课证融通

根据1+X汽车专业领域职业技能等级证书标准的要求，与汽车专业领域职业技能等级证书考试实现无缝对接，有利于学生快速、高效掌握职业技能等级证书考试的相关知识。同时，本书的内容与新能源汽车专业核心课程内容密切相关，具有承上启下的作用。

2. 校企双元编写

本书编写人员既有来自汽车维修企业的资深专家，也有具有丰富教学经验的一线教师，校企双元的组合将理论知识与企业岗位能力需求有机结合在一起。学生通过本书的学习，能快速、顺利地融入工作岗位。

3. 教材内容适度够用

教材内容的选择从职业院校学生的特点出发，遵循"适度够用"的原则。教材条理清晰，内容由浅入深、由易到难、图文并茂，全书彩色印刷。

4. 教学资源丰富

本书教学资源丰富，配有电子课件、电子教案、实训工单、测试题、动画视频和习题答案等。另外，为了方便学生的自主学习，将动画与视频以二维码的形式嵌入教材，学生使用手机微信扫描书中二维码便可观看相关视频与动画。

本书由朱恩洲、胡胜、曾渊担任主编，冉颖、蔚佳彤、杨乐担任副主编，参加编写的还有李红松、李承万、王婷、黄成玉、谭晓兵。

本书的编写参考和引用了很多文献资料及图片，在此对相关作者表示衷心的感谢。

由于编者水平有限，书中难免有错误和不当之处，敬请广大读者批评指正。

编 者

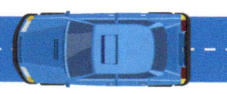 

Contents

前言

模块一　新能源汽车的总体认知 ······································· 1
　　单元一　汽车的认识 ··· 2
　　单元二　新能源汽车的发展背景及趋势 ····························· 10
　　单元三　新能源汽车的铭牌及主要性能参数 ······················· 12

模块二　新能源汽车的高压防护与维修工量具 ···················· 19
　　单元一　新能源汽车的安全用电及防护用具 ······················· 20
　　单元二　新能源汽车维修的工量具 ··································· 24

模块三　新能源汽车的关键技术 ······································· 32
　　单元一　动力蓄电池与管理系统 ······································ 33
　　单元二　驱动电机与电力电子 ··· 50
　　单元三　网联化与智能化技术 ··· 71

模块四　插电式混合动力（含增程式）汽车 ······················· 80
　　单元一　插电式混合动力汽车的类型 ································ 81
　　单元二　插电式混合动力汽车的结构与原理 ······················· 85

模块五　纯电动汽车 ·· 93
　　单元一　纯电动汽车的类型 ·· 94
　　单元二　纯电动汽车的结构与原理 ··································· 99

模块六　燃料电池汽车 ·· 110
　　单元一　燃料电池汽车的类型 ·· 111
　　单元二　燃料电池汽车的结构与原理 ································ 114

模块七　新能源汽车的充换电技术 ……………………………………………… 118

　　单元一　新能源汽车的电能补充方式 …………………………………… 119

　　单元二　新能源汽车的充电 ……………………………………………… 132

参考文献 …………………………………………………………………………… 136

新能源汽车概论工作页

模块一

新能源汽车的总体认知

学习目标

1. 能说出新能源汽车的定义和分类。
2. 知道新能源汽车的发展背景及趋势。
3. 能正确识读新能源汽车的铭牌。
4. 了解新能源汽车的主要性能参数。
5. 增强学生的民族自信心。

单元一　汽车的认识

一、汽车的诞生及分类

1. 汽车的诞生

1886年1月29日，卡尔·本茨在德国取得汽车专利证（No. 37435），这一天也被公认为现代汽车的诞生日。图1-1所示为第一辆汽车"奔驰1号车"。

图1-1　奔驰1号车（汽油机）

> **知识窗**
>
> **中国汽车工业的发展**
>
> 中国汽车工业经历了从无到有、由弱变强的发展历程，现已经成为世界汽车工业的重要组成部分。中国第一汽车制造厂于1953年在吉林长春奠基，1956年7月13日，长春第一汽车制造厂12辆"解放"牌汽车试制成功，如图1-2所示。中国汽车工业已由原来的散乱、格局差的局面变成现在的以大集团为主的规模化、集约化的产业新格局。目前，我国已经拥有多种自主汽车品牌，如比亚迪、吉利、奇瑞、长安等，汽车的品质也有了很大的提升。

图1-2　"解放"牌汽车

2. 汽车的定义

汽车是由自身动力装置驱动的，一般具有四个或四个以上车轮，不依靠轨道或架线在陆地上行驶的车辆。图 1-3 所示为公路上行驶的汽车。

图 1-3　公路上行驶的汽车

3. 汽车的分类

汽车按动力源的不同分为燃油汽车和新能源汽车两种，如图 1-4 所示。燃油汽车是指以汽油或柴油作为动力来源的汽车，分为汽油车和柴油车两种。

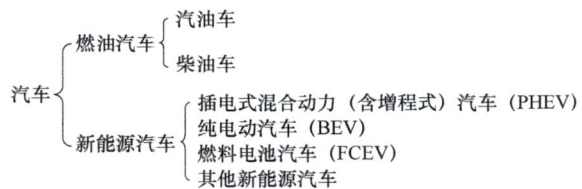

图 1-4　汽车的分类

燃油汽车和新能源汽车可从号牌上加以识别，如图 1-5 所示。燃油汽车的号牌为 5 位，车牌以蓝色为主；新能源汽车的号牌为 6 位，车牌以绿色为主。新能源汽车号牌按照不同车辆类型实行分段管理，字母"D""A""B""C""E"代表纯电动汽车，字母"F""G""H""J""K"代表非纯电动汽车（包括插电式混合动力和燃料电池汽车等）。小型汽车号牌中代表车辆类型的字母（如"D"或"F"）位于号牌序号的第一位，大型汽车号牌中代表车辆类型的字母（如"D"或"F"）位于号牌序号的最后一位。

a) 燃油汽车车牌　　　　　　b) 新能源汽车车牌

图 1-5　汽车车牌区分汽车类型

如果是纯电动汽车，一般汽车上有 EV 或 BEV 等字样标识。如果是混合动力汽车，车尾或汽车前翼子板上一般有 HYBRID 或 H 等字样标识，如图 1-6 所示。

a) 纯电动汽车标识　　　　　　　　b) 混合动力汽车标识

图1-6　汽车标识

新能源汽车一般都可以进行充电，有充电接口的汽车都是新能源汽车，如图1-7所示。

二、电动汽车的发展历程

新能源汽车的实质就是电动汽车。

1. 早期的电动汽车

电动汽车最早出现在英国，如图1-8所示。它比世界上第一辆内燃机汽车早了半个世纪。

图1-7　新能源汽车充电接口　　　　　图1-8　最早的电动汽车

1881年，法国工程师古斯塔夫·特鲁夫装配的以铅酸蓄电池为动力的三轮车，是世界上第一辆可充电的电动汽车，如图1-9所示。

图1-9　世界上第一辆充电铅酸蓄电池电动汽车

1899 年，法国人设计制造的子弹头形电动汽车续驶里程约为 290km，并创下了 98km/h 的速度纪录，如图 1-10 所示。这使法国的电动汽车一直保持世界电动汽车续驶里程和车速的最高纪录。

1912 年，美国有 34000 辆电动汽车注册。贝克电气公司是美国最重要的电动汽车制造商。底特律电气公司生产的电动汽车最高时速可达 40km/h，续驶里程可达 129km，如图 1-11 所示。

图 1-10　子弹头形电动汽车

图 1-11　底特律电气公司生产的电动汽车

1920 年，英国伦敦电动汽车公司生产了后轮轮毂电机式、后轮驱动、斜轮转向和装有充气轮胎的电动汽车，如图 1-12 所示。

随着科学技术的发展，内燃机汽车相关技术不断进步，经济的发展对长途客货运输的需求增多，电动汽车续驶里程短、充电时间长等缺陷突显。随着内燃机汽车批量化和低成本化的生产，电动汽车遭到市场的淘汰。到 20 世纪 30 年代，电动汽车几乎消失了。

图 1-12　英国汽车公司生产的电动汽车

2. 现代电动汽车

现代电动汽车是指主要以动力蓄电池或超级电容为能量源、全部或部分由电机驱动的汽车。现代电动汽车横跨机械、电力、化工、信息、材料和交通等多个行业，融合了电化学、电力电子技术、控制工程和通信技术等多学科理论与技术，是一个多学科、跨领域、复杂的技术产品。

2011 年，由特斯拉汽车公司制造的全尺寸高性能纯电动轿车 Tesla Model S 正式进入量产阶段，在 2013 年度全球销售量达到 22300 辆，是现代纯电动汽车的典型代表，如图 1-13 所示。特斯拉汽车公司旗下的 Roadster 纯电动跑车大量采用铝合金制造的车身组件，配备有高性能的电池和电机，速度由 0 加速到 100km/h 只要 3.9s，每次充电可行驶 400km。

2011 年 12 月，丰田汽车公司推出了第三代插电式的混合动力汽车普锐斯，如图 1-14 所示。在 200V 电源下，充电时间为 100min。在纯电动模式下，能行驶 20km，最高车速为

100km/h。在混动模式下，汽油机将起动，以提供额外动力。其百公里加速时间为11.4s，百公里油耗仅为2.2L。

图1-13　2011款Tesla Model S

2013年2月，世界上第一辆量产版氢燃料电池汽车在现代汽车韩国蔚山工厂正式下线，如图1-15所示。该车采用了100kW的燃料电池堆为一台功率为100kW的电机提供能量，电机可提供的峰值转矩达到300N·m，百公里加速时间为12.5s，最高车速可达151km/h，续驶里程达594km。储氢罐中可存放5.6kg液态氢气，即每千克氢燃料可支持汽车行驶106km，该车的燃料效率约为28.6kg/L。

图1-14　第三代普锐斯

图1-15　世界上第一辆量产版氢燃料电池汽车

由于电池、电机、电控及其他重要技术的发展，使现代电动汽车技术的发展取得了很大进步，在整车的动力性和续驶里程等方面都完胜于早期的电动汽车。

三、新能源汽车的定义及分类

1. 新能源汽车的定义

新能源汽车是指采用非常规的车用燃料作为动力来源（或使用常规的车用燃料、采用新型车载动力装置）、综合车辆的动力控制和驱动方面的先进技术，形成的技术原理先进、具有新技术、新结构的汽车。非常规的车用燃料是指除汽油和柴油之外的燃料，如天然气、液化石油气、乙醇汽油、甲醇和二甲醚等。新能源汽车采用新型动力系统，完全或者主要依靠新型能源驱动。

2. 新能源汽车的分类

新能源汽车分为插电式混合动力（含增程式）汽车、纯电动汽车、燃料电池汽车和其他新能源汽车四大类型。

（1）插电式混合动力（含增程式）汽车　混合动力汽车（HEV）是指同时装备两种动力源——热动力源（由传统的汽油机或者柴油机产生）与电动力源（电池与电动机）的汽车。混合动力汽车按发动机燃料不同分为油电混合动力汽车和气电混合动力汽车两种，如图1-16所示。油电混合动力汽车的发动机燃料为汽油或柴油，气电混合动力汽车发动机的燃料为天然气。混合动力汽车按能否外接充电分为插电式混合动力汽车和非插电式混合动力汽车。插电式混合动力汽车是指可使用电力网（包括家用电源插座）对车载可充电动力蓄电池进行充电的混合动力汽车。

插电式混合动力汽车有效解决了纯电动汽车的续驶里程问题，并将传统动力系统与纯电动动力系统结合在一起，弥补了各自的劣势，又将双方的优势最大化。增程式混合动力汽车是插电式混合动力汽车当中的一种。

a) 油电混合动力汽车

b) 气电混合动力汽车

图 1-16　混合动力汽车按发动机燃料分

大量生产的混合动力汽车在1990年才出现，分别为丰田普锐斯和本田 Insight，如图1-17所示。

a) 丰田普锐斯

b) 本田Insight

图 1-17　大量生产的混合动力汽车

混合动力汽车减少了对化石燃料的需求，尽管不能实现零排放，但其动力性、经济性及排放等性能能够在一定程度上缓解汽车发展与环境污染、能源危机的矛盾。

（2）纯电动汽车　纯电动汽车（BEV）是指以车载电源为动力，用电机驱动车轮行驶，符合道路交通、安全法规各项要求的车辆，如图1-18所示。纯电动汽车驱动能量完全由电能提供、由电机驱动。

图 1-18　纯电动汽车

（3）**燃料电池汽车**　燃料电池汽车（FCEV）是一种以燃料电池系统作为单一动力源或者是以燃料电池系统与可充电储能系统作为混合动力源的电动汽车，如图 1-19 所示。其电池能量是通过氢气和氧气之间的电化学反应作用直接转变成电能，而不是经过燃烧。氢燃料电池的反应产物是水，反应过程中不会产生有害物质，因此氢燃料电池汽车是无污染汽车。

我国把推广氢燃料电池汽车作为新能源汽车产业的发展方向，早在 2008 年北京奥运会期间，我国自主研制的 20 辆氢燃料电池汽车就已开始投入运营，如图 1-20 所示。目前，氢燃料电池汽车在我国已经实现了量产，正逐渐走进人们的日常生活。

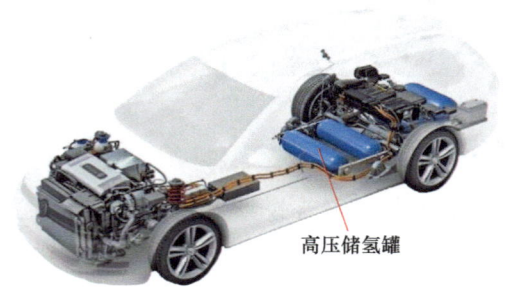

图 1-19　燃料电池汽车

图 1-20　氢燃料电池客车服务北京奥运会

（4）**其他新能源汽车**　其他新能源汽车主要有天然气汽车、甲醇汽车、空气动力汽车、超级电容汽车和太阳能汽车等。

1）天然气汽车。天然气汽车是以天然气作为燃料的汽车，如图 1-21 所示。天然气汽车是清洁燃料汽车，有显著的经济效益，比汽油汽车更安全。

2）甲醇汽车。甲醇汽车是以甲醇为燃料的汽车，如图 1-22 所示。甲醇是主要由煤经过气化加氢而生成的液体，其性能与汽油接近，也可以用于点燃式的发动机。甲醇汽车由于也有冷起动的问题，所以甲醇用于汽车也多以与汽油混合的形式。最常见的是 M85，就是 85%的甲醇和 15%的汽油的混合溶液。

3）空气动力汽车。空气动力汽车是以空气作为驱动力的汽车，如图 1-23 所示。空气动力汽车具有维修少、无排放的优点，但需要消耗较大的电能，并且具有高气压、安全性不强、噪声较大的缺陷。

图 1-21　陕汽 LNG（液化天然气）重卡

图 1-22　甲醇汽车

4）超级电容汽车。超级电容汽车是以超级电容供电的汽车，如图 1-24 所示。超级电容汽车绿色环保，不论从原材料还是工艺及制造过程来讲，全程无污染；工作时间长，超级电容在充放电过程中没有化学反应，是可逆过程，能反复充放电数十万次；工作温度范围广，超级电容能在 $-40\sim 70$℃ 环境下正常工作，低温特性好；功率密度高，超级电容的功率密度是电池的十倍至百倍，在短时间内可以放出几百或几千安培电流，能实现能量的快速储存和释放。

图 1-23　空气动力汽车

图 1-24　超级电容汽车

5）太阳能汽车。太阳能汽车是利用太阳能电池将太阳能直接转化为电能，再利用电机驱动的汽车，如图 1-25 所示。在光照情况下，通过光伏发电技术产生电流，并可以直接或者协同动力蓄电池同时供电来驱动电机，或将多余的能量储存在动力蓄电池中，以便在阳光不足环境下使用。相比传统内燃机驱动的汽车，太阳能汽车不会向大气中排放废气，真正做到了零排放。另外，与石油燃料相比，太阳能取之不尽，用之不竭。

图 1-25　太阳能汽车

单元二　新能源汽车的发展背景及趋势

一、新能源汽车的发展背景

1. 能源危机

2019年6月，英国石油公司BP发布《2019年世界能源统计评审》报告，全球石油储量17297亿桶，与早先公布数据相比变化不大，按当前全球需求测算可供开采50年。汽油和柴油都是从石油提炼出来的，石油资源是不可再生资源。燃油汽车的高度发展和大量应用，在全球已经引发了严重的能源危机。如果不做出重大努力去利用和开发各种能源资源，那么人类在不久的未来将会面临能源短缺的严重问题。解决能源危机的对策有两个：节约能源和研究开发使用新能源。

2. 环境污染

燃油汽车的大量普及和使用也带来了严重的环境问题，如图1-26所示。汽车尾气主要成分包括一些颗粒物，还有二氧化碳（CO_2）、一氧化碳（CO）、二氧化硫（SO_2）、氮氧化合物（NO_x）以及铅和碳氢化合物（HC）。

图1-26　空气污染

3. 温室效应

温室气体是指二氧化碳、甲烷（CH_4）、一氧化二氮（N_2O）和氟化合物，二氧化碳是大气主要的温室气体之一。当二氧化碳含量升高时，会增强大气对太阳光中红外线辐射的吸收，阻止地球表面的热量向外散发，使地球表面的平均气温上升，这就是所谓的温室效应。

4. 国家出台一系列鼓励和推广新能源汽车发展的政策

相较于传统燃油汽车，新能源汽车在能源来源和尾气排放等方面具有明显优势。同时，新能源汽车也是我国汽车产业转型升级的一个突破口。发展新能源汽车是促进我国汽车产业转型升级、抢占国际竞争制高点的紧迫任务，也是我国由汽车大国迈向汽车强国的必由之路。

2018年11月19日，国家发展和改革委员会、能源局、工业和信息化部、财政部等部门联合发布《提升新能源汽车充电保障能力行动计划》，加快推进充电基础设施规划建设，全面提升新能源汽车充电保障能力。

2020年5月25日，十三届全国人大三次会议第二次全体会议结束后，时任工业和信息化部部长苗圩表示新能源汽车受疫情影响，一段时间产销受到很大冲击，中央政府制订了促进新能源汽车发展的政策措施，把原本到2020年年底要退坡完成的对新能源汽车补贴和减免新能源汽车的车购税这两项政策延迟两年，以恢复新能源汽车的产销增长。

二、我国新能源汽车的发展现状

石油资源的匮乏、大气质量的恶化和全球变暖已成为人们生活中必须面临的问题，日益严格的排放法规和燃料效率的标准促进了安全、清洁和高效车辆的迅猛发展，开发低污染或零污染的"绿色"汽车，已经成为当今汽车工业发展的重要课题。

汽车产业是我国国民经济的重要支柱产业，在国民经济和社会发展中发挥着重要的作用。随着汽车产销量及保有量的迅速增长，燃油汽车带来的能源紧张问题也更加突出。基于能源结构安全和环境保护压力，发展节能环保的新能源汽车已成为迫切需求。

我国新能源汽车产业始于21世纪初，从"十五"时期就开始通过"863计划"，启动了电动汽车研究项目，形成了"三纵"（混合动力汽车、纯电动汽车、燃料电池汽车三条技术路线）和"三横"（电动汽车发展所需要的三个方面的关键技术，包括电池、电机和电控技术）的研发格局。"三纵三横"的技术布局，为我国新能源汽车产业化打下了坚实的技术基础，从整体上取得了进展。

2020年11月2日，国务院颁发《新能源汽车产业发展规划（2021—2035）》，其中，指出发展新能源汽车是我国从汽车大国迈向汽车强国的必由之路，是应对气候变化、推动绿色发展的战略举措。深化"三纵三横"研发布局，强化整车集成创新，以纯电动汽车、插电式混合动力（含增程式）汽车、燃料电池汽车为新"三纵"，布局整车技术创新链。提升产业基础能力，以动力蓄电池与管理系统、驱动电机与电力电子、网联化与智能化技术为新"三横"，构建关键零部件技术供给体系。

三、新能源汽车行业的发展趋势

1. 全球新能源汽车发展已进入快车道

全球汽车发展的方向就是新能源化，或者说是电动化，这已经成为全球多数国家和企业的共识。过去，很多国家对这点存在争议和摇摆，而中国的新能源汽车产业则一直在增长，不断迈上新台阶。经过这几年的发展，新能源化态势已基本形成。

目前，中国的新能源汽车渗透率已经超过10%，即汽车增量当中电动化的比例超过10%，到2025年预计会突破30%。美国和欧洲等国家的渗透率也在增长，特别是北欧，挪威电动汽车的新车销售占比已接近100%。当然，各国电动化的技术路线不一样。中国以纯电为主，欧洲以插电为主，日本则以弱混为主等。

2. 汽车电动化和智能化正式合二为一

过去10年，汽车产业变革的主题是电动化。下一阶段，变革的主题将是基于电动化的智能化。电动化的普及要靠智能化来拉动，单纯的电动汽车不会成为市场卖点，只有更加智能的汽车才是市场竞争的焦点。反过来看，只有电动汽车才能更完整地嵌入智能化技术，智能化技术的最佳载体是电动化的平台。因此，在电动化基础之上会加速产生智能化，"两化"在汽车上会正式合体。

3. 新能源汽车技术创新节奏会明显加快，汽车产品全栈式电动化大幕拉开

市场的爆发会激发新一轮汽车技术创新浪潮。过去，困扰新能源汽车市场化的主要问题是成本。2022 年补贴退出后，技术将成为新能源汽车和燃油汽车竞争的核心因素。技术的进步使新能源汽车已基本具备与同级燃油汽车竞争的经济优势，真正迎来行业期待的拐点。

由于经济性优势，高端品牌电动化的发展速度非常快，蔚来汽车已经进入同价位宝马和奔驰的市场。在 A0 级市场，尤其是 5 万元以下的电动汽车市场，其性价比也超过了燃油汽车。得益于技术优势，特别是电池技术的进步，"最便宜的车"和"最贵的车"这两端电动化的优势已经非常明显。未来几年，行业竞争的重点将会集中在 20 万左右的"中间"市场，并逐渐形成新的优势。

4. 电动化带动商业模式快速创新

汽车电动化进入真正的市场化阶段之后，将带动大量商业模式快速创新。例如光储充一体化模式、换电模式和电池银行模式等。

5. 基础设施配套逐步补齐并衍生三网融合新业态

燃油汽车时代的基础设施只有加油站和加气站，由于汽车电动化的发展，未来能源基础设施将会发生重大变化。充电、换电、快充、慢充、电池的移动补电和加氢等，将会构成融合的基础设施。这将是未来电动化发展的重大亮点，也是行业投资的热点。

单元三　新能源汽车的铭牌及主要性能参数

一、新能源汽车的铭牌

1. 汽车的 VIN 码

VIN 是英文 Vehicle Identification Number 的缩写，中文名叫作车辆识别代码。VIN 码是由 17 位字母、数字组成的编码，又称为 17 位识别代码。VIN 码经过排列组合，可以使同一车型的车在 30 年内不会发生重号现象，具有对车辆的唯一识别性，因此可称为汽车的身份证号码。

VIN 码在汽车铭牌、车架或车身上，在机动车行驶证和机动车保险单上也有。为了方便识别，我国乘用车在仪表板左侧或右侧放置了一个 VIN 编码条，可以透过风窗玻璃看到。某轿车 VIN 编码条在仪表板的左侧，如图 1-27 所示。

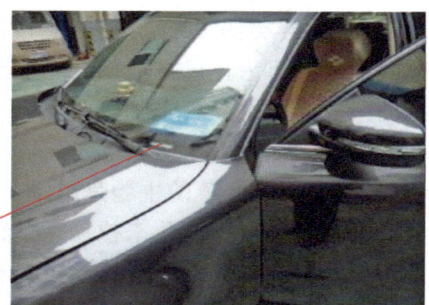

图 1-27　某轿车 VIN 编码条位置

VIN 码由三个部分组成,即世界制造厂识别代码(WMI)、车辆说明部分(VDS)和车辆指示部分(VIS)。图 1-28 所示为一辆乘用车的 VIN 编码,将其分为三部分后见表 1-1。

图 1-28　一辆乘用车的 VIN 编码

表 1-1　一辆乘用车的 VIN 编码

WMI			VDS						VIS							
L	S	V	A	D	2	1	8	7	B	2	3	3	7	7	2	9
1	2	3	4	5	6	7	8	9	10	11	12	13	14	15	16	17

第 1~3 位是世界制造厂识别代号,LSV—上海大众汽车有限公司。
国内常见汽车制造厂家的世界制造厂识别代号编号如下:
LS5—长安汽车　　　LVS—长安福特　　　LL3—厦门金龙　　　LGX—比亚迪汽车
LSV—上海大众　　　LFV—一汽大众　　　LFP—一汽红旗　　　LEN—北京吉普
LHG—广州本田　　　LHB—北汽福田　　　LKD—哈飞汽车　　　LSY—沈阳金杯
LSG—上海通用　　　LDC—神龙富康　　　LGF—重庆恒通
第 4 位是车身形式代码,A—4 门折背式车身。
第 5 位是发动机变速器代码,D—JV 发动机、LPG/2P(013.9)变速器。
第 6 位是乘员保护系统代码,2—安全气囊(驾驶人和副驾驶人、前座侧面)。
第 7~8 位是车辆等级代码,18—上海朗逸轿车。
第 9 位是校验位,通过一定的算法防止输入错误,0~9 中任一数字或字母"X"。
第 10 位是车型年份代码,B—2011 年。车型年份代码见表 1-2。

表 1-2　标示汽车年份代码表

年份	代码	年份	代码	年份	代码	年份	代码
2001	1	2011	B	2021	M	2031	1
2002	2	2012	C	2022	N	2032	2
2003	3	2013	D	2023	P	2033	3
2004	4	2014	E	2024	R	2034	4
2005	5	2015	F	2025	S	2035	5
2006	6	2016	G	2026	T	2036	6
2007	7	2017	H	2027	V	2037	7
2008	8	2018	J	2028	W	2038	8
2009	9	2019	K	2029	X	2039	9
2010	A	2020	L	2030	Y	2040	A

第 11 位是装配厂代码，2—上海大众汽车有限公司。
第 12~17 位是车辆制造顺序号。
注意：不同国家或汽车制造厂，其 VIN 编码含义有细微不同。

2. 新能源汽车铭牌的识读

(1) 混合动力汽车铭牌的识读 某混合动力汽车的铭牌，如图 1-29 所示。

铭牌内容如下：

汽车制造厂家：比亚迪汽车有限公司 　　整车型号：BYD7150WTHEV2

乘坐人数：5 人 　　制造年月：2014 年 9 月

电机型号：BYD-TYC110A 　　电机功率：40kW

工作电压：501.6V 　　电池容量：26A·h

发动机型号：BYD476ZQA 　　发动机最大净功率：105kW

车辆识别代号：LGXC76C38E0138686 　　发动机排量：1497mL

最大允许总质量：2095kg

(2) 纯电动汽车铭牌的识读 某纯电动汽车的铭牌，如图 1-30 所示。

图 1-29　某混合动力汽车的铭牌 　　　　图 1-30　某纯电动汽车的铭牌

铭牌内容如下：

汽车制造厂家：北京汽车股份有限公司

车辆识别代号：LNBSCB3F7DD131035 　　整车型号：BJ7000B3D1-BEV

电机型号：YTD020W01 　　额定功率：20kW　峰值功率：45kW

电池型号：29/135/220-80A·h 　　电池工作电压：320V

电池容量：80A·h　乘员数：5 人 　　整备质量：1370kg

最大允许总质量：1745kg 　　制造年月：2013 年 12 月

二、新能源汽车的主要性能参数

1. 轴距（mm）

轴距指汽车前轴中心至后轴中心的距离，如图 1-31 所示。

2. 接近角（°）

接近角指汽车前端突出点向前轮引的切线与地面的夹角，如图 1-32 所示。

3. 离去角（°）

离去角指汽车后端突出点向后轮引的切线与地面的夹角，如图 1-32 所示。

图 1-31 轴距

图 1-32 接近角和离去角

4. 最大爬坡度（%）

最大爬坡度指汽车满载时的最大爬坡能力，以坡度起止点的高度差与其水平距离的比值（正切值）的百分数来表示，如图 1-33 所示。

5. 最大侧倾角

最大侧倾角指汽车车身发生倾斜，车本身可以承受的车身平面与地面所达到的最大夹角（大于这个角度即发生翻车），如图 1-34 所示。

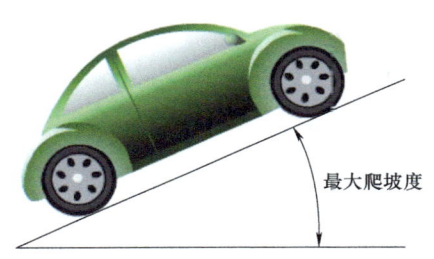

图 1-33 最大爬坡度

图 1-34 最大侧倾角

6. 最高车速

最高车速是指在水平良好的路面（混凝土或沥青）上汽车能达到的最高行驶车速，是汽车在平坦路面无风条件下，行驶阻力和驱动力平衡时的车速，它是汽车动力性的三个评价指标之一。

7. 纯电续驶里程

纯电续驶里程是电动汽车从充满电开始计算，然后一直到电量消耗完所行驶的距离，也就是用来计算电动汽车充满电的状态下到底能跑多远。

8. 动力蓄电池类型

目前，市场上常见的动力蓄电池有铅酸蓄电池、镍氢电池、锂离子蓄电池和燃料电池四种。

9. 动力蓄电池能量

动力蓄电池能量是指在一定的放电条件下，电池所能输出的电能，单位为 W·h 或 kW·h。动力蓄电池能量影响电动汽车的续驶里程，同一款汽车，能量越大，续驶里程越远。不同的汽车，受能耗的影响，能量大续驶不一定就长。

10. 充电方式及时间

新能源汽车充电的方式主要有直流快速充电和交流慢速充电两种。充电方式不同，所耗时间就不同。一般快充为大功率直流充电，30min 可以充满电池 80% 的容量，1h 左右就可以充满电。慢充指交流充电，充电过程需要 6~8h。电动汽车充电快慢与充电机功率、电池充电特性和温度等紧密相关。

11. 驱动电机类型

现阶段的新能源汽车常用的驱动电机包括交流异步电机和永磁同步电机两种，且大多数新能源汽车采用的是永磁同步电机，只有少部分车辆采用了交流异步电机，这两种类型的电机均属于交流电机。

12. 驱动电机额定功率

驱动电机额定功率是指电机在额定条件下的输出功率，单位为 W 或 kW。

13. 驱动电机峰值功率

驱动电机峰值功率是指电机在规定的持续时间内，电机允许的最大输出功率，单位为 W 或 kW。

巩固与提高

一、填空题

1. 1886 年 1 月 29 日被公认为_____的诞生日。
2. 汽车按动力源的不同分为_____和_____两种。
3. 燃油汽车是指以_____或_____作为动力来源的汽车。
4. 新能源汽车分为_____汽车、_____汽车、_____汽车和_____汽车四大类型。
5. 混合动力汽车有_____和_____两种动力源。
6. 纯电动汽车是指以_____为动力，用电机驱动车轮行驶，符合道路交通、安全法规各项要求的车辆。
7. 燃料电池汽车是通过氢气和氧气之间的电化学反应作用直接转变成_____，而不是经过_____。
8. 天然气汽车是以_____作为燃料的汽车。
9. 超级电容汽车是以_____供电的汽车。
10. 解决能源危机的对策有两个：_____和_____。
11. VIN 是英文 Vehicle Identification Number 的缩写，中文名叫作_____。
12. VIN 码由_____、车辆说明部分和_____三个部分组成。
13. 驱动电机额定功率是指电机在_____的输出功率。

二、单项选择题

1. 卡尔·本茨的"奔驰 1 号车"是（　　）。
   A. 混合动力汽车　　　　　　　　B. 纯电动汽车
   C. 燃油汽车　　　　　　　　　　D. 燃料电池汽车
2. 新能源汽车的车牌号为（　　）。
   A. 5 位　　　　B. 6 位　　　　C. 7 位　　　　D. 8 位

3. 电动汽车最早出现在（　　）。
   A. 法国　　　　　B. 德国　　　　　C. 英国　　　　　D. 美国
4. 以下汽车不属于电动汽车的是（　　）。
   A. 混合动力汽车　　　　　　　B. 纯电动汽车
   C. 燃料电池汽车　　　　　　　D. 天然气汽车
5. 整车型号为 BJ7204PELHEV 的汽车是（　　）。
   A. 燃油汽车　　　　　　　　　B. 混合动力汽车
   C. 纯电动汽车　　　　　　　　D. 燃料电池汽车

三、简答题
1. 简述新能源汽车的发展背景。
2. 简述我国新能源汽车的发展现状。
3. 简述新能源汽车行业的发展趋势。

四、按要求作题
1. 识读下图中汽车铭牌的内容，并完成题后填空。

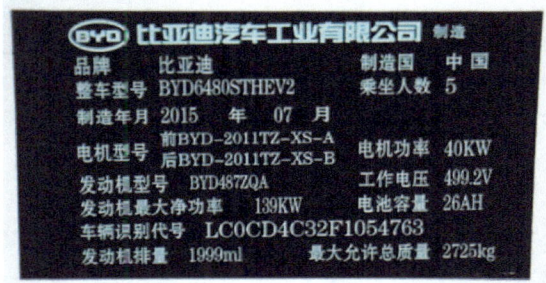

整车型号		电机型号	
发动机型号		电机功率	
发动机最大净功率		电池容量	
发动机排量		工作电压	
汽车制造厂家		制造年月	
车辆识别代号			

2. 识读下图中汽车铭牌的内容，并完成题后填空。

整车型号		驱动电机型号	
动力蓄电池系统额定电压		驱动电机峰值功率	
动力蓄电池系统额定容量		最大允许总质量	
汽车制造厂家		制造年月	
VIN			

模块二

新能源汽车的高压防护与维修工量具

🡢 学习目标

1. 能正确使用新能源汽车的安全防护用具。
2. 学会新能源汽车维修工量具的使用方法。
3. 树立"安全第一、预防为主"的安全生产理念。
4. 培养严谨认真、精益求精的意识,争做大国工匠和高技能人才。

单元一　新能源汽车的安全用电及防护用具

一、新能源汽车的安全用电

1. 新能源汽车的电压等级

新能源汽车中将车辆电压按照类型和数值分为两个等级，见表2-1。

表2-1　电压等级（GB 18384—2020）

电压等级	最大工作电压 U/V	
	DC（直流）	AC（交流有效值）
A	$0<U\leq 60$	$0<U\leq 30$
B	$60<U\leq 1500$	$30<U\leq 1000$

A级是较为安全的电压等级，在直流电中，最大工作电压应不大于60V；在交流电中，最大工作电压有效值应不大于30V，在该电压下，维护人员不需要采取特殊的防触电措施。

B级是会对人体会产生伤害的电压等级，被认为是高电压。在该电压下，维护人员必须佩戴必要的防护用具进行保护。

2. 新能源汽车电缆的颜色

在新能源汽车上，不仅有燃油汽车的12V或24V低压电缆，还有用于电力驱动系统的高压电缆。为了安全和使用方便，都将它们装在硬质绝缘管中，并用不同的颜色进行区别。

1）黑色和红色——12V或24V低压电缆，一般用于车载电器，如音响、车灯和安全气囊等。人体接触它们没有危险。

2）蓝色和黄色——42V低压电缆，一般用于转向助力电动机。人体接触它们没有危险，但电路切断时会有电弧产生。

3）橙色——144~600V的高压电缆，一般用于动力系统供电电路，如图2-1所示。人体接触它们非常危险。

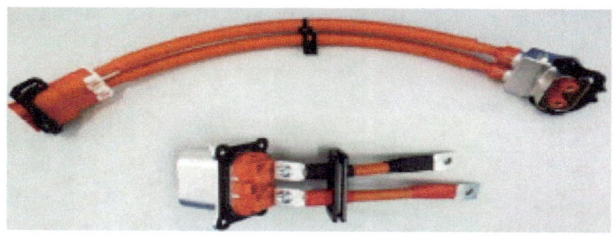

图2-1　高压橙色导线及插接器

3. 新能源汽车的高压部位

新能源汽车的高压系统均同时具有直流高压和交流高压两部分，如图2-2所示。

直流高压主要分布在动力蓄电池到各个驱动部件的位置，如动力蓄电池到驱动逆变器（DC/AC变换器）之间连接的是直流高压，动力蓄电池到高压压缩机之间连接的是直流高压。

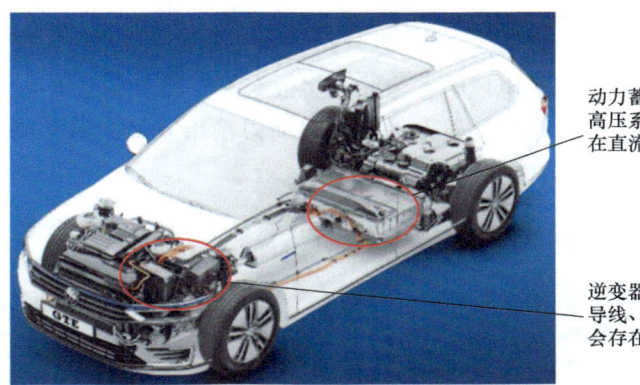

图 2-2　新能源汽车的高压部位

交流高压主要分布在逆变器与驱动电机之间，以及交流充电接口与车载充电机之间。不同的是逆变器与驱动电机之间的交流高压通常都在 300V 左右，而交流充电接口（慢充）与车载充电机之间的交流高压为外部电网的 220V 电压。

4. 新能源汽车高压存在的时间

新能源汽车的高压系统集中在车辆的驱动系统、空调与暖风系统、12V 电源系统及带有插电功能的充电系统。新能源汽车根据高压存在的时间分为持续存在、运行期间存在和充电期间存在三种存在形式，如图 2-3 所示。

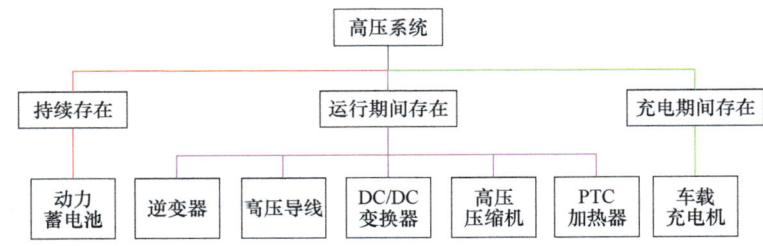

图 2-3　新能源汽车高压存在的形式

高压持续存在的部件是动力蓄电池；运行期间存在高压的部件有逆变器、高压导线、DC/DC 变换器、高压压缩机和 PTC 加热器；充电期间（慢充）具有高压的部件，如图 2-4 所示。

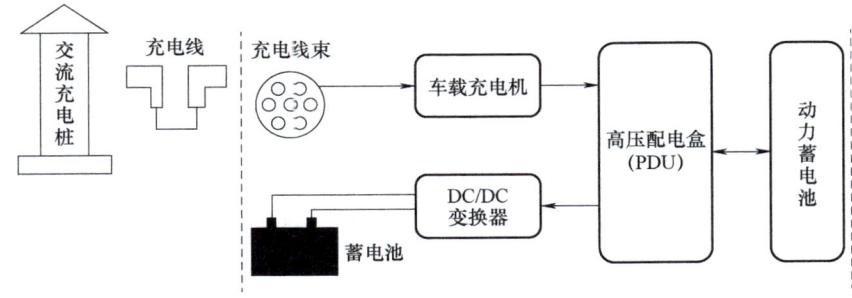

图 2-4　充电期间（慢充）具有高压的部件

5. 新能源汽车的安全设计

新能源汽车的安全设计包括维修安全、碰撞安全、电气安全和功能安全四个方面。

（1）维修安全　新能源汽车的维修安全主要是防止高压触电。因此，维修人员在对新能源汽车进行操作应当保证不会有触电风险，为此大多数新能源汽车在系统上设计有维修开关，如图 2-5 所示。当断开维修开关时，动力蓄电池的动力输出立即中断，需等待 5min 以上才能接触高压部件。

图 2-5　新能源汽车维修开关

（2）碰撞安全　当车辆发生碰撞时，车辆的安全系统应当保证碰撞过程中以及碰撞后都要保证相关人员的人身安全，即碰撞过程中避免乘员和行人遭受触电风险，在保证人员安全的情况下尽量保护关键零部件不受损害；碰撞后保证维护和救援人员没有触电风险。

（3）电气安全　电气安全主要包括防止人员接触到高压电、电池能量的合理分配、充电时的高压安全、行驶过程中的高压安全、碰撞时的电气安全和维修时的电气安全。

（4）功能安全　功能安全包括转矩安全管理和充电安全两个方面。

1）转矩安全管理。整车控制器（VCU）负责计算整车的转矩需求，计算的转矩需求的差值大于某个标定值，则认为转矩输出存在安全风险，此时整车控制器会将车速限制在安全范围内。

若整车控制器的需求转矩与电动机的实际转矩的差值大于某个标定值，则认为电动机的转矩控制存在风险，此时整车控制器将会限制电动机的转矩输出。若两者差值一直过大，则切断动力蓄电池的动力输出。

2）充电安全。在充电时需要防止车辆移动，以及避免快充、慢充和行驶模式之间的冲突，为此进行以下安全设计：

① 只有档位放在 P 位时才允许充电。
② 在充电过程中，转矩需求及实际转矩输出都应当为零。
③ 当插上充电枪时，不允许闭合控制高压电输出的接触器。
④ 当充电回路绝缘电阻小于标准要求的阻值时，应当停止充电并断开高压接触器。

6. 新能源汽车维修安全操作流程

新能源汽车维修安全操作流程如下：

1）移除车辆上所有外部电源，包括 12V（或 24V）蓄电池充电器。
2）拔出充电枪。
3）关闭点火开关，把钥匙放到安全区域。

4) 断开 12V 蓄电池电源负极，并远离负极区域。

5) 取下手动维修开关（MSD），将其放到安全区域，如图 2-6 所示。

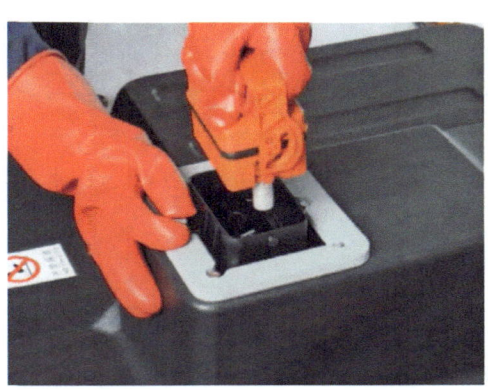

图 2-6　取下手动维修开关

6) 等待 5min 以上，以保证高压能量全部释放。

7) 佩戴好个人安全防护用具，拆卸高压插接器，然后进行其他操作。

> **知识窗**
>
> **安全责任重于泰山**
>
> 　　2020 年 11 月 15 日 16 时许，吉林辽源某公司的特种油罐车到事发修配厂维修半轴。次日上午 7 时左右，工人冯某应车主方面要求，为油罐车更换车顶探测杆上面的四个螺钉。上午 10 时 50 分许，冯某在更换过程中进行电焊作业，在电焊作业过程中，油罐出现爆炸，冯某当场死亡。事故发生后，辽源经济开发区安全生产委员会组成调查组，对此事故进行调查。对事故发生的原因及事故性质做出认定："冯某违规对罐车实施动火作业，对本事故负有直接责任和主要责任。"

二、新能源汽车的安全防护用具

1. 绝缘鞋

绝缘鞋是使用绝缘材料制作的一种安全鞋，如图 2-7 所示。电绝缘鞋的适用范围：耐试验电压 15kV 以下的电绝缘皮鞋和布面电绝缘皮鞋，适用于工频 1000V 以下的作业环境中；耐试验电压 15kV 以上的电绝缘胶鞋，适用于工频 1000V 以上的作业环境中。

2. 绝缘手套

绝缘手套是一种用橡胶制成的五指手套，如图 2-8 所示。绝缘手套主要用于新能源汽车维修作业中，保护新能源汽车维修技师免遭触电。

3. 护目镜

护目镜是利用改变透过光强和光谱，可以避免辐射光对眼睛造成伤害的一种眼镜，如图 2-9 所示。这种眼镜分为吸收式和反射式两种，吸收式用得最多。吸收式可以吸收某些波长的光线，而让其他波长光线透过，所以都呈现一定的颜色，所呈现颜色为透过光颜色。

图 2-7　绝缘鞋

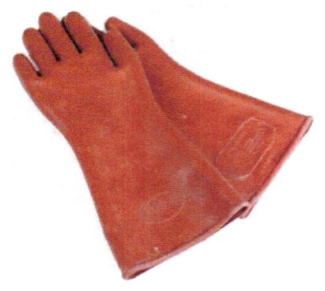
图 2-8　绝缘手套

4. 安全帽

安全帽是一种个人头部防护用品，如图 2-10 所示。它主要防止和减轻操作人员在生产作业中遭受坠落物体或自己坠落时对人体头部的伤害。如果佩戴和使用不正确，会导致安全帽在受到冲击时起不到防护作用。

5. 维修工服

维修工服是维修技师所穿的衣服，如图 2-11 所示。它不仅能给新能源汽车维修人员提供安全保护，还能反映员工的精神风貌，体现企业的文化内涵，提升企业形象。

图 2-9　护目镜

图 2-10　安全帽

图 2-11　维修工服

单元二　新能源汽车维修的工量具

一、量具

新能源汽车维修的量具主要有绝缘电阻表、万用表和钳形电流表。

1. 绝缘电阻表

（1）绝缘电阻表的作用　绝缘电阻表常称为北欧表，常见的有手摇式和数字式两种，现在主要使用数字式绝缘电阻表，如图 2-12 所示。绝缘电阻表主要用来检查电气设备、家用电器或电路对地及相间的绝缘电阻，以保证这些设备、电器和电路工作在正常状态，避免发生触电伤亡及设备损坏等事故。高压电缆及零部件对车身绝缘电阻值应在规定值范围内。

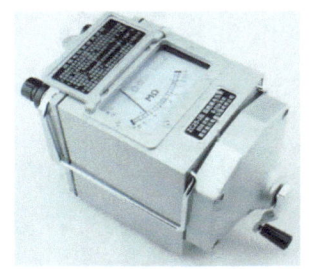 

a) 手摇式绝缘电阻表　　　　b) 数字式绝缘电阻表

图 2-12　绝缘电阻表

(2) 数字式绝缘电阻表的使用方法

1) 准备工作。在使用数字式绝缘电阻表之前，需要进行一些准备工作。首先，检查数字式绝缘电阻表的电池电是否充足，以确保其正常工作。其次，检查测试电路是否与数字式绝缘电阻表正确连接，以避免测量误差。

2) 连接测试电路。将数字式绝缘电阻表的测试引线连接到测试电路的两个端点上；如果测试电路是一个电阻器，那么将测试引线连接到电阻器的两个端点上；如果测试电路是一个电缆或绝缘体，那么将测试引线连接到电缆或绝缘体的两个端点上。

3) 选择测量范围。根据测试电路的电阻值范围，选择数字式绝缘电阻表的测量范围。如果测试电路的电阻值很小，那么选择较小的测量范围；如果测试电路的电阻值很大，那么选择较大的测量范围。

4) 进行测量。将数字式绝缘电阻表的测量范围调整到所需的范围，并按下"测试"按钮进行测量。数字式绝缘电阻表会显示测试电路的电阻值。如果测试电路的电阻值超出了数字式绝缘电阻表的测量范围，那么数字式绝缘电阻表会显示"OL"（超出范围）。

5) 结束测量。测量完成后，将数字式绝缘电阻表的测试引线从测试电路上拆下，并关闭数字式绝缘电阻表的电源。如果数字式绝缘电阻表长时间不使用，应将其存放在干燥和阴凉的地方，以避免损坏。

(3) 数字式绝缘电阻表的使用注意事项

1) 测量前，必须将被测设备电源切断，并对地短路放电，决不允许设备带电进行测量，以保证人身和设备的安全。

2) 对可能感应出高压电的设备，必须消除这种可能性后，才能进行测量。

3) 被测物表面要清洁，减少接触电阻，确保测量结果的准确性。

4) 测量前要检查绝缘电阻表是否处于正常工作状态，主要检查其"0"和（∞）两点。数字式绝缘电阻表在短路时应指在"0"位置，断路时应指在"∞"位置。

5) 数字式绝缘电阻表使用时应放在平稳和牢固的地方，且远离大的外电流导体和外磁场。

2. 万用表

(1) 万用表的作用及种类　　汽车用万用表主要用来检测直流电压、直流电流、交流电压及导线的电阻等参数，还可以用来检测转速、闭合角、占空比（频宽比）、频率、压力、时间、电容、电感、半导体元件及温度等。万用表按显示方式的不同分为指针式万用表和数字式万用表两种，如图 2-13 所示。

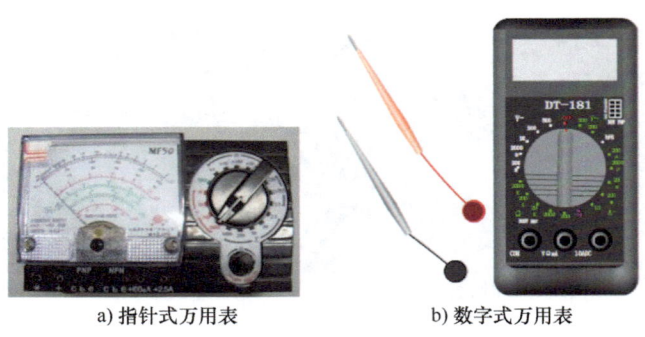

a) 指针式万用表　　b) 数字式万用表

图 2-13　万用表的类型

(2) **万用表的面板结构**　DT-181 数字式万用表的面板结构如图 2-14 所示。"V−"表示直流电压档,"V~"表示交流电压档,"A−"表示直流电流档。

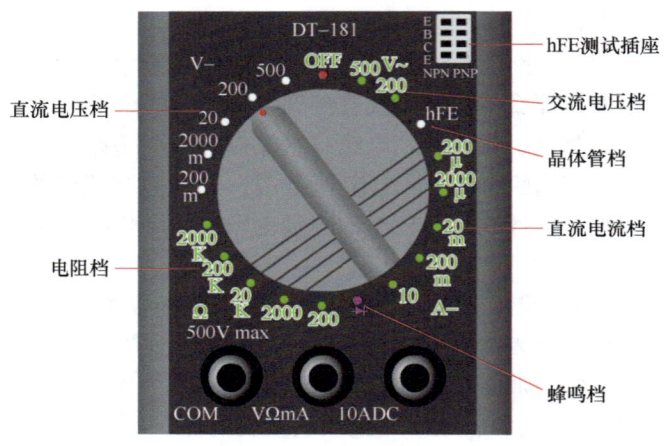

图 2-14　DT-181 数字式万用表的面板结构

(3) **DT-181 数字式万用表的使用方法**　下面以测量直流电压、交流电压和电阻为例,说明 DT-181 数字式万用表的使用方法。

1) 测量直流电压。以测量汽车蓄电池电压(12V−)为例,测量步骤如下:

① 将黑表笔插进"COM"孔,红表笔插进"VΩmA"孔。

② 把旋钮旋到比估计值大的量程,此处选择"20V−"档,如图 2-15 所示。

③ 把红表笔接触蓄电池正极,黑表笔接触蓄电池负极。

蓄电池电压可以直接从显示屏上读取。

职场健康与安全:

在使用数字式万用表测量的过程中,若显示为"1.",则表明所选量程太小,那么就要加大量程后再测量。如果在数值左边出现"−",则表明表笔极性与实际电源极性相反,此时红表笔接的是负极。

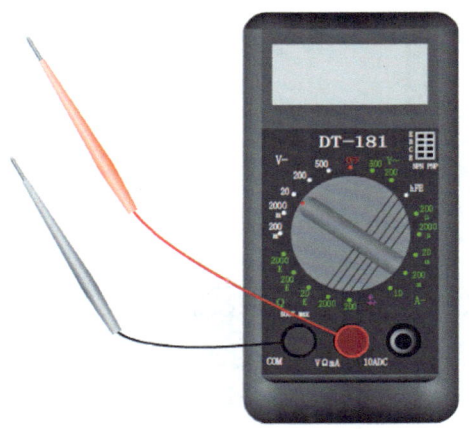

图 2-15　测量汽车蓄电池电压

2）测量交流电压。以测量照明电路电压（220V～）为例，测量步骤如下：
① 将黑表笔插进"COM"孔，红表笔插进"VΩmA"孔。
② 把旋钮旋到比估计值大的量程，此处选择"500V～"档，如图 2-16 所示。

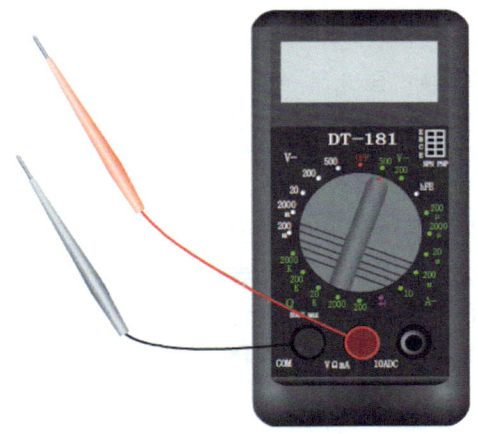

图 2-16　测量照明电路电压

③ 红黑表笔接触电源插孔。因交流电压测量时无正负之分，只要红黑表笔稳定接触即可。

职场健康与安全：
　　无论测量交流电压还是直流电压，都要注意人身安全，不要随便用手触摸表笔的金属部分，以防触电。

3）测量电阻。
① 将黑表笔插进"COM"孔，红表笔插进"VΩmA"孔。
② 把旋钮旋到比估计值大的量程，如图 2-17 所示。

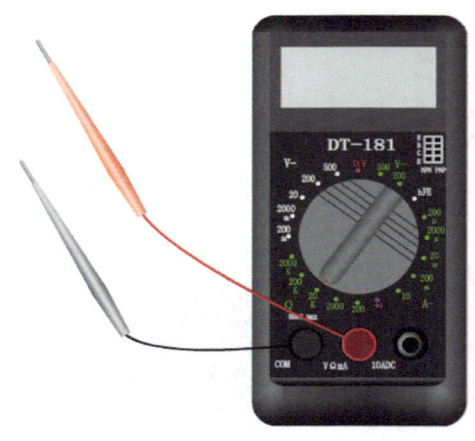

图 2-17　测量电阻

③ 把表笔接在待测电阻两端的金属部位。

测量电阻过程中可以用手接触电阻，但不要把手同时接触电阻两端，这样会影响测量的精度。

> **职场健康与安全：**
> 　　读数时，要保持表笔和电阻良好接触；注意单位：在"200""2000"档时单位是"Ω"，在"20k""200k""2000k"档时单位是"kΩ"，"2M"以上的单位是"MΩ"。

3. 钳形电流表

新能源汽车维修经常需要测量导线中的电流，由于驱动系统的导线存在较大的交变电流，必须使用钳形电流表进行间接测量。钳形电流表是由电流互感器和电流表组合而成的，可以在不切断电路的情况下测量电流，如图 2-18 所示。

测量时应按紧扳手，使钳口张开，将被测导线放入钳口中央，然后松开扳手并使钳口闭合紧密，以使读数准确。读数后，将钳口张开，将被测导线退出，将档位置于电流最高档或 OFF 档。

图 2-18　钳形电流表

二、绝缘工具

新能源汽车维修使用的扭力扳手、快速扳手和螺钉旋具等工具，必须装有耐电压 1000V 以上的绝缘柄，如图 2-19 所示。

三、新能源汽车故障诊断仪

1. 新能源汽车故障诊断仪的作用及类型

在新能源汽车的维修工作中，故障诊断仪具有十分重要的作用。汽车故障诊断仪也称为解码器，它能与汽车 ECU 进行通信，具有读取故障码、数据流、系统测试和软件升级等功能。

图 2-19　绝缘工具

新能源汽车故障诊断仪分为专用型和通用型两种，如图 2-20 所示。专用型是针对某一品牌的车型，功能全面且有更多权限，如北汽新能源汽车故障诊断仪等。通用型则包括较多品牌和车型，功能多、实用性强，如朗仁 H6（既支持燃油车，也支持新能源汽车），覆盖比亚迪、北汽、上汽、东风、小康和吉利等厂家的众多新能源车型，可进行电池、电机等系统及零部件的诊断检测，支持包括防盗匹配、仪表板修复和前照灯调理等特殊功能，可一键升级。

图 2-20　新能源汽车故障诊断仪

2. 新能源汽车故障诊断仪的使用步骤

新能源汽车故障诊断仪的使用步骤包括接入步骤和退出步骤。

（1）接入步骤

1）找到车辆故障诊断座位置及形状。

2）根据故障诊断座选择合适的插头。

3）关闭点火开关，将故障诊断仪连接到诊断座上。

4）打开点火开关，打开故障诊断仪开关，进入诊断程序。

（2）退出步骤

1）依次退出诊断程序。

2）先关闭故障诊断仪开关，再关闭点火开关。

3）从诊断座上拔出故障诊断仪诊断插头。

知识窗

"汽车医生"魏俊强

20世纪70年代末，魏俊强考取了北京交通学校，进入汽车应用与维修专业学习。面对理想与现实的差距，魏俊强选择了认真、选择了坚持。1980年的夏天，魏俊强以优异的成绩毕业，进入了当时主要修理驻华使馆高档轿车、中央领导机关专用轿车的北京市汽车修理公司六厂。

魏俊强在修车第一线刻苦学习和钻研，练就了一身诊断和维修汽车故障的精湛技艺，赢得了客户的信任，在业内享有很高的声誉。1998年夏天，时任美国总统的克林顿来华访问。由于当时西安天气炎热，克林顿乘坐的林肯轿车的空调在西安出了故障。美国使馆紧急向魏俊强求助。魏俊强通过与美方的随行机修人员电话交流，凭借自己汽修多年的经验，找出了故障所在，并最终解决了问题。

正是凭借着认真、执着的精神，高尚的人格和精湛的修车技艺，他受到了业内人士的一致认可，北京理工大学车辆管理学院聘请他为客座教授，中专毕业的魏俊强登上了大学讲台。他还毫无保留地把自己的技艺传授给青年工人，带出了一支优秀的技师团队。魏俊强曾获北京市十大能工巧匠、全国五一劳动奖章、首都楷模、全国劳动模范等荣誉称号。

巩固与提高

一、填空题

1. 新能源汽车的高压系统均同时具有_____高压和_____高压两部分。
2. 新能源汽车根据高压存在的时间分为_____、_____和_____三种存在形式。
3. 新能源汽车的安全设计包括_____、碰撞安全、_____和功能安全四个方面。
4. 新能源汽车的功能安全包括_____和_____两个方面。
5. 绝缘电阻表常被称为兆欧表，常见的有_____和_____两种。
6. 万用表按显示方式的不同分为_____万用表和_____万用表两种。
7. 新能源汽车故障诊断仪分为_____和_____两种。

二、单项选择题

1. 在直流中安全电压是（　　）。
   A. 0<U≤30V　　B. 0<U≤60V　　C. 30V<U≤1000V　　D. 60V<U≤1500V
2. 新能源汽车高压电缆的颜色是（　　）。
   A. 蓝色　　B. 黄色　　C. 红色　　D. 橙色
3. 新能源汽车的维修安全主要是防止（　　）。
   A. 高压触电　　B. 工具损坏　　C. 车辆损坏　　D. 维修场地打滑
4. 新能源汽车维修测量导线中的电流选用（　　）。
   A. 绝缘电阻表　　B. 万用表　　C. 钳形电流表　　D. 汽车故障诊断仪

三、简答题
1. 简述新能源汽车维修安全操作流程。
2. 简述新能源汽车的安全防护用具种类。
3. 简述数字式绝缘电阻表的使用方法。
4. 简述新能源汽车故障诊断仪的使用步骤。

模块三

新能源汽车的关键技术

学习目标

1. 认识新能源汽车的关键技术——电池、电机、电控及智能网联技术。
2. 培养创新意识，增强科技自信。
3. 激发学生科技报国的家国情怀和使命担当。

单元一　动力蓄电池与管理系统

一、动力蓄电池的作用和主要参数

燃油汽车的核心离不开俗称的"三大件"，即发动机、底盘和变速器。新能源汽车核心技术聚焦于"三大电"，即电池、电机、电控。

动力蓄电池是将化学能变换成电能的装置。蓄电池是能将所获得的电能以化学能的形式储存并可以将化学能转变为电能的一种电化学装置，它可以重复充电和放电。动力蓄电池是指为电动汽车动力系统提供能量的蓄电池（GB/T 19596—2017《电动汽车术语》）。

动力蓄电池是为电动汽车提供动力来源的电源，是能量的储存装置，也是目前制约电动汽车发展的关键因素。要使电动汽车能与燃油汽车相竞争，关键是开发出电池能量密度高、电池功率密度大、使用寿命长和成本低的动力蓄电池。

动力蓄电池的主要参数如下：

(1) 动力蓄电池容量　动力蓄电池容量是指充满电的动力蓄电池在指定的条件下放电到终止电压时所输出的电量，单位为安·时（A·h）。动力蓄电池容量又分为理论容量、额定容量和实际容量。容量决定充放电电流的最大值。

(2) 动力蓄电池的功率　动力蓄电池的功率是指动力蓄电池在一定的放电条件下，单位时间内所输出能量的大小，单位为瓦或千瓦（W 或 kW）。动力蓄电池的功率决定了电动汽车的最大加速性能和爬坡能力。

(3) 电池能量密度　电池能量密度（又称为比能量）是衡量动力蓄电池性能的一项重要指标。能量密度又分为质量能量密度和体积能量密度。质量能量密度是指电池单位质量所能输出的电能，单位为瓦·时/千克（W·h/kg）。体积能量密度是指电池单位体积所能输出的电能，单位为瓦·时/升（W·h/L）。电池的质量能量密度影响电动汽车的整车质量和续驶里程，而体积能量密度影响电池的布置空间。

(4) 电池功率密度　电池功率密度（又称为比功率）是评价能量源能否满足电动汽车加速和爬坡性能的重要指标。与电池能量密度一样，功率密度又分为质量功率密度和体积功率密度。质量功率密度是指电池单位质量所能输出的功率，单位为瓦/千克（W/kg）。体积功率密度是指电池单位体积所能输出的功率，单位为瓦/升（W/L）。

(5) 荷电状态　荷电状态描述了动力蓄电池的剩余电量，一般用百分比表示，其值为动力蓄电池在一定放电倍率下，剩余电量与相同条件下的额定容量的比值。

(6) 放电深度　放电深度是放电容量与额定容量之比的百分数。

(7) 动力蓄电池循环使用寿命　动力蓄电池的循环使用寿命是指以动力蓄电池充电和放电一次为一个循环，按一定的测试标准，当动力蓄电池容量降到某一规定值（一般规定为额定值的 80%）以前，动力蓄电池所经历的充放电循环总次数。

(8) 电池的一致性　对于同一类型、统一规格型号的单体电池之间在电压、内阻、容量等参数方面存在的差别称为电池的一致性。电池组的寿命在很大程度上取决于电池组内单体电池的一致性，由于电动汽车的动力蓄电池都是成组使用的，因此电池的一致性是评价电池组性能的关键指标之一。

（9）电池的抗滥用能力　电池的抗滥用能力是指电池对短路、过充电、过放电、机械振动、撞击、挤压及遭受高温和着火等非正常使用情况的容忍程度。

二、动力蓄电池的类型

新能源汽车动力蓄电池的类型，如图 3-1 所示。

- 新能源汽车动力蓄电池
  - 蓄电池
    - 铅酸蓄电池
    - 镍氢电池
    - 锂离子蓄电池
      - 钴酸锂离子蓄电池
      - 磷酸铁锂离子蓄电池
      - 三元锂离子蓄电池
  - 燃料电池

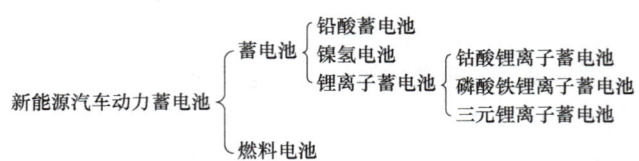

图 3-1　新能源汽车动力蓄电池的类型

新能源汽车使用的蓄电池主要有铅酸蓄电池、镍氢电池和锂离子蓄电池三种，锂离子蓄电池又分为钴酸锂离子蓄电池、磷酸铁锂离子蓄电池和三元锂离子蓄电池。

1. 铅酸蓄电池

（1）铅酸蓄电池的类型　铅酸蓄电池应用历史最长，也是最成熟和成本售价最低廉的蓄电池，但现在基本不再作为动力蓄电池应用在新能源汽车上，只在部分低速车上有所应用。铅酸蓄电池在新能源汽车上作为辅助蓄电池使用，为电动汽车辅助系统提供 12V 或 24V 的低压直流电，如图 3-2 所示。

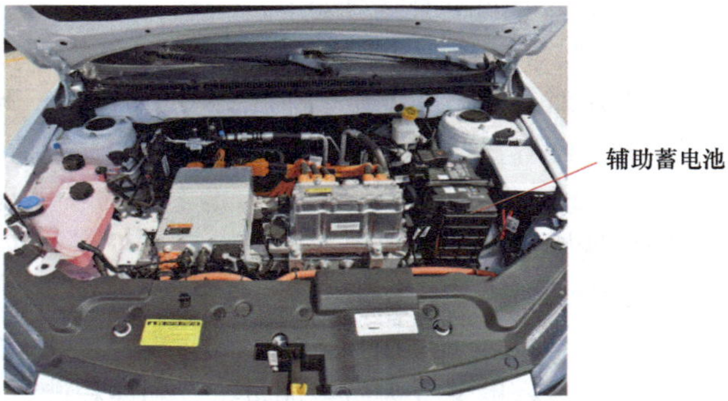

图 3-2　辅助蓄电池（铅酸蓄电池）

常用的铅酸蓄电池分为普通蓄电池、干荷蓄电池和免维护蓄电池三大类。

1）普通蓄电池。普通蓄电池的极板由铅和铅的氧化物构成，电解液是硫酸的水溶液，如图 3-3 所示。它的主要优点是电压稳定、价格便宜；缺点是质量能量密度低、使用寿命短和日常维护频繁。

2）干荷蓄电池。干荷蓄电池的全称是干式荷电铅酸蓄电池，如图 3-4 所示。它的主要特点是负极板有较高的储电能力，在完全干燥状态下，能在两年内保存所得到的电量。使用时只需加入电解液，等待 20~30min 就可使用。

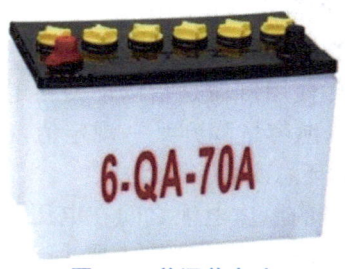

图 3-3　普通蓄电池

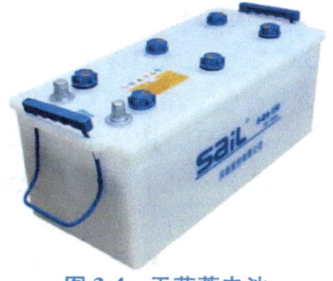

图 3-4　干荷蓄电池

3）免维护蓄电池。免维护蓄电池由于自身结构上的优势，电解液的消耗量非常少，在使用寿命内基本不需要补充蒸馏水，如图3-5所示。它还具有耐振、耐高温、体积小和自放电少的特点。使用寿命一般为普通蓄电池的两倍。

（2）**铅酸蓄电池的结构**　铅酸蓄电池主要由正极板、负极板、电解液、隔板、连接线和外壳等组成，如图3-6所示。正极板为二氧化铅（PbO_2），负极板为海绵状纯铅（Pb），电解液为硫酸（H_2SO_4）水溶液。同时，还需要隔板将正、负极板隔开。

图3-5　免维护蓄电池

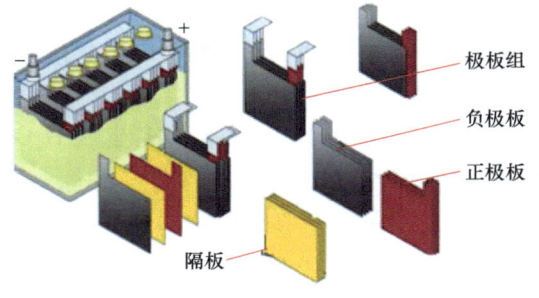

图3-6　铅酸蓄电池的结构

一个单格铅酸蓄电池的标称电压是2.0V，能放电到1.5V，能充电到2.4V。经常用6个单格铅酸蓄电池串联起来组成标称电压是12V的铅酸蓄电池，还有24V、36V和48V等。

（3）**铅酸蓄电池的工作过程**　铅酸蓄电池的工作过程包括放电过程和充电过程。

$$PbO_2 + 2H_2SO_4 + Pb \underset{充电}{\overset{放电}{\rightleftharpoons}} 2PbSO_4 + 2H_2O$$

1）铅酸蓄电池的放电过程。铅酸蓄电池的放电过程是化学能转变为电能的过程。放电时，正极板上的PbO_2和负极板上的Pb都与电解液中的H_2SO_4发生反应，电解液中的H_2SO_4不断减少，密度下降。

2）铅酸蓄电池的充电过程。铅酸蓄电池的充电过程是电能转变为化学能的过程。充电时，正、负极板上的$PbSO_4$还原成PbO_2和Pb，电解液中的H_2SO_4增多，密度上升。

所以可以通过检测电解液的密度，估算出铅酸蓄电池的存电量。

（4）**铅酸蓄电池的特点及应用**　铅酸蓄电池技术成熟、成本较低、可靠性好、使用安全、能够高倍率放电，但使用寿命短、体积大、电池能量密度低、污染严重。铅酸蓄电池多用于电动汽车的辅助系统，由动力蓄电池通过DC/DC变换器进行充电，为电动汽车辅助系统提供12V或24V的低压直流电。

2. 镍氢电池

（1）**镍氢电池的特点**　镍氢电池是由氢离子和金属镍合成的，电量储备比镍镉电池多30%，比镍镉电池更轻，使用寿命也更长，并且对环境无污染，工作温度范围宽，稳定性好，如图3-7所示。但是电池能量密度低、体积大、电压低、有轻度记忆效应，对电池充放电要求高。镍氢电池的标称电压为1.2V。

（2）**镍氢电池的结构及工作过程**　镍氢电池分为高压镍氢电池和低压镍氢电池两种。

镍氢电池正极活性物质为 Ni(OH)$_2$（NiO 电极），负极活性物质为金属氢化物，也称为储氢合金（电极称为储氢电极），电解液为 6mol/L 氢氧化钾（KOH）溶液。镍氢电池作为氢能源应用的一个重要方向越来越被人们注意。

镍氢电池充放电化学反应为

$$\text{Ni(OH)}_2 + \text{M} \xrightleftharpoons[\text{放电}]{\text{充电}} \text{NiOOH} + \text{MH}$$

注：M—氢合金。

1）充电。充电时正极的 Ni(OH)$_2$ 和 OH$^-$ 反应生成 NiOOH 和 H$_2$O，同时释放出 e$^-$ 一起生成 MH 和 OH$^-$，总反应是 Ni(OH)$_2$ 和 M 生成 NiOOH，储氢合金储氢。

2）放电。放电时，MH$_{ab}$ 释放 H$^+$，H$^+$ 和 OH$^-$ 生成 H$_2$O 和 e$^-$，NiOOH、H$_2$O 和 e$^-$ 重新生成 Ni(OH)$_2$ 和 OH$^-$。

（3）镍氢电池的应用 镍氢电池多用于混合动力电动汽车。代表车型有丰田的普锐斯、Alphard 和 Estima，本田的 Civic，Insight，长安杰勋、奇瑞 A5、一汽奔腾和通用君悦等采用的都是镍氢电池。

图 3-7 镍氢电池

（4）镍氢电池的使用维护

1）使用过程忌过充电。在循环寿命内，使用过程切忌过充电，这是因为过充电容易使正、负极发生膨胀，造成活性物质脱落和隔膜损坏，导电网络破坏和电池欧姆极化变大等问题。

2）防止电解液变质。在镍氢电池循环寿命期，应抑制电池析氢。

3）镍氢电池的存放。保存镍氢电池应在充足电后，如果在电池中没有储存电能的情况下长期保存电池，将使电池负极储氢合金的功能减弱，并导致电池寿命缩短。

3. 锂离子蓄电池

（1）锂离子蓄电池的工作原理 现在电动汽车绝大多数使用锂离子蓄电池作为动力蓄电池，如图 3-8 所示。锂离子蓄电池是指以锂离子嵌入化合物为正极材料的电池的总称。锂离子蓄电池以碳素材料作为负极，以含锂的化合物作为正极，没有金属锂存在，只有锂离子，因此称为锂离子蓄电池。而原来所谓的锂离子蓄电池是以纯锂作为负极，两者区别很大。

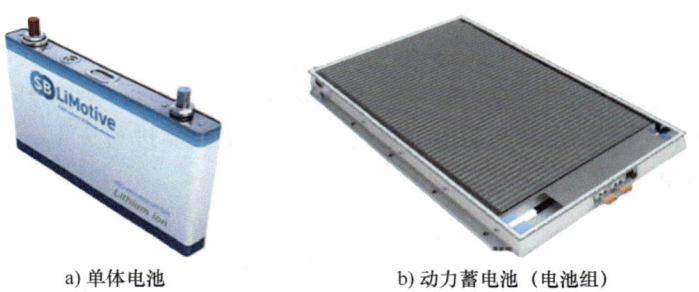

a) 单体电池　　　　b) 动力蓄电池（电池组）

图 3-8 锂离子蓄电池

锂离子蓄电池是一种二次电池，依靠锂离子在正极和负极之间移动来工作。充电时，Li$^+$ 从正极脱嵌，经过电解质嵌入负极，负极处于富锂状态，如图 3-9 所示。

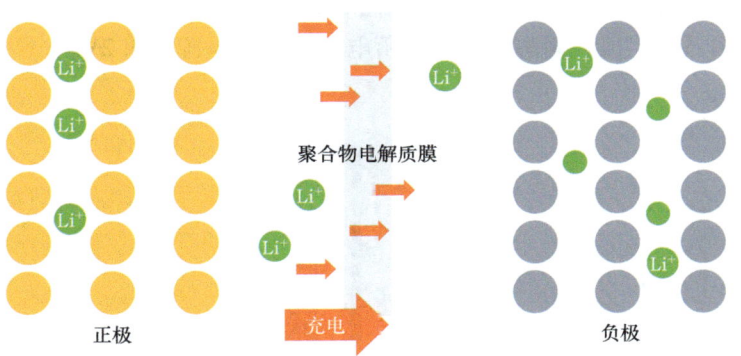

图 3-9 锂离子蓄电池充电

放电时，Li⁺从负极脱嵌，经过电解质嵌入正极，正极处于富锂状态，如图 3-10 所示。

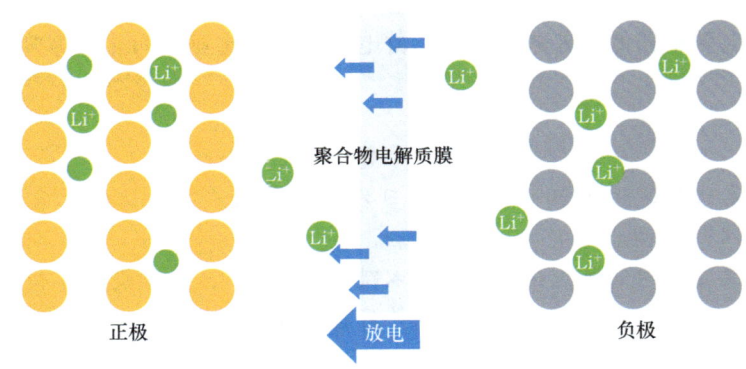

图 3-10 锂离子蓄电池放电

（2）锂离子蓄电池的类型及应用　电动汽车上使用的锂离子蓄电池主要有钴酸锂离子蓄电池、三元锂离子蓄电池和磷酸铁锂离子蓄电池三种。

1）钴酸锂离子蓄电池。钴酸锂离子蓄电池是指正极材料为钴酸锂，负极材料为石墨的锂离子蓄电池。石墨是一种层状结构的碳，石墨电极加工容易，具有放电加工去除率高和损耗少等优点。钴酸锂离子蓄电池的标称电压为 3.7V。

钴酸锂离子蓄电池稳定性好，电池能量密度高，广泛应用于笔记本计算机和手机等小型电子设备中。但其热稳定性和安全性差。因此，应用于电动汽车上对电池的散热与安全性提出了更高的要求。

2）三元锂离子蓄电池。三元锂离子蓄电池，如图 3-11 所示。三元锂离子蓄电池中的"三元"是指正极材料含有三种聚合物，正极材料分别采用镍钴铝或镍钴锰两种不同的聚合物组合和锂一起组成三元锂离子蓄电池的正极，三元锂离子蓄电池的负极由石墨组成。三元锂离子蓄电池的标称电压为 3.6V。一般 3.7V 三元锂离子蓄电池需要有过充和过放的"保护板"。

三元锂离子蓄电池质量能量密度高，同等质量的三种锂离子蓄电池，储存的电量最多，循环使用寿命长，低温性能好，能够很好提升车辆续驶里程。但其高温稳定性差，需要良好的散热系统。三元锂离子蓄电池多用在特斯拉等高端车型上。

3）磷酸铁锂离子蓄电池。磷酸铁锂离子蓄电池，如图 3-12 所示。磷酸铁锂离子蓄电池正极材料为磷酸铁锂，负极由石墨组成。磷酸铁锂离子蓄电池的标称电压为 3.2V。

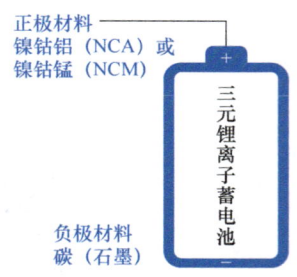

图 3-11　三元锂离子蓄电池

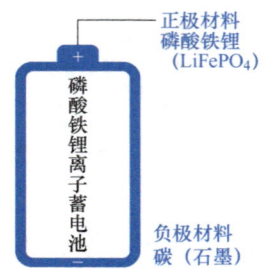

图 3-12　磷酸铁锂离子蓄电池

磷酸铁锂离子蓄电池热稳定性好、制造成本低和循环寿命长。但其能量密度低，同等质量的三种锂离子蓄电池中，储存电量最少；在气温比较寒冷的地方，电池衰减会比较厉害，同时在低温时充电效率较低。磷酸铁锂离子蓄电池多用于比亚迪和北汽等普通车型中。

> **知识窗**
>
> **刀片电池**
>
> 刀片电池是比亚迪于 2020 年 3 月 29 日发布的电池产品，该电池采用磷酸铁锂技术，搭载于"汉"车型。
>
> 刀片电池通过结构创新，在成组时可以跳过"模组"，大幅提高了体积利用率，最终达成在同样的空间内装入更多电芯的设计目标。相较传统电池组，刀片电池的体积利用率提升了 50% 以上，也就是说续驶里程可提升 50% 以上，达到了高能量密度三元锂离子蓄电池的同等水平。
>
> 比亚迪的刀片电池通过了电池安全测试领域的"珠穆朗玛峰"——针刺测试，并成功挑战了极端强度测试——46t 重卡碾压测试，具备超级安全、超级强度、超级续驶（600km）和超级寿命（充放电 3000 次）的特点。

4. 燃料电池

燃料电池是一种非燃烧过程的电化学能变换装置。将氢气等燃料和氧气的化学能连续不断地变换为电能。其工作原理是 H_2 在阳极催化剂的作用下被氧化成 H^+ 和 e^-，H^+ 通过质子交换膜到达正极，与 O_2 在阴极反应生成水，e^- 通过外电路到达阴极，连续不断地反应就产生了电流，如图 3-13 所示。燃料电池虽然带有电池二字，却不是传统意义上的储能设备，而是一种发电设备，这是燃料电池与传统电池最大的区别。

氢气是燃料电池的主要燃料，从燃料安全性看，氢气无毒无害，反应物为水，也无毒无害，绿色清洁。氢气密度小，高压氢气泄漏燃烧时形成向上火焰，不向周围扩散。因此，氢气安全性是高于天然气和石油等化石燃料。从性能上看，燃料电池能量转化效率为 50%~70%，功率密度约为 3kW/L，柴油机功率密度约为 1.3kW/L，是理想的"内燃机替代者"。燃料电池的能量密度可达 500W·h/kg，循环寿命为 4000 次以上，性能优于锂离子蓄电池。燃料电池专用于燃料电池汽车。

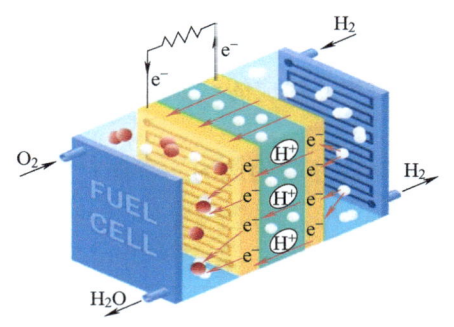

图 3-13 燃料电池的工作原理图

三、动力蓄电池的集成

1. 单体电池

单体电池（电芯）是直接将化学能转化为电能的基本单元装置，包括电极、隔膜、电解液、外壳和端子，并被设计成可充电，如图 3-14 所示。

单体电池是构成电池模块的最小单元，按外形分有圆柱形、方形和棱柱形，如图 3-15 所示。

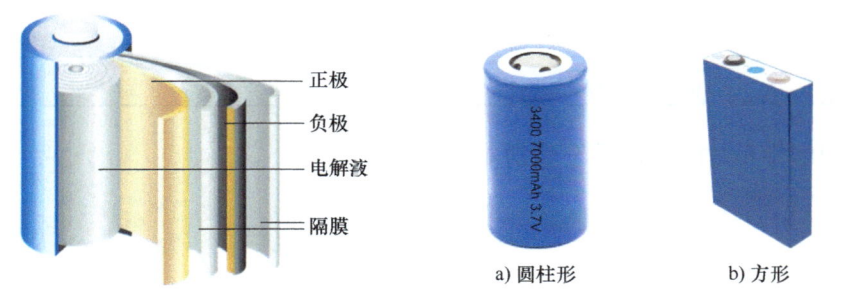

图 3-14 单体电池的结构　　　　图 3-15 单体电池按外形分

2. 电池模块

电池模块（Brick）是一组串联或并联的单体电池的组合，如图 3-16 所示。图 3-16a 电池模块由 6 个单体电池串联构成，标记为"1P6S"（P 表示并联，S 表示串联）；图 3-16b 电池模块由 69 个单体电池并联构成，标记为"69P1S"。

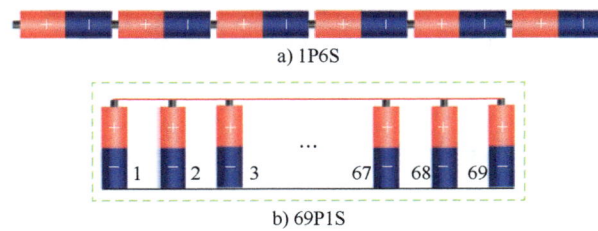

图 3-16 电池模块

电池模块是单体电池在物理结构和电路上连接起来的最小分组，可作为一个单元替换。

3. 电池模组

电池模组（Sheet）是由多个电池模块通过串联组成的一个组合体。

4. 电池组

电池组（包）是由多个电池模组通过串联或并联构成的一个储存电能或对外输出电能的部件。表 3-1 所示为某动力蓄电池组的参数。

表 3-1　某动力蓄电池组的参数

电芯类型	18650（3.7V，2.17A·h）
电芯数量	6831
串并形式	11S　9S　69P
可用能量	53kW·h
容量	150A·h
质量	450kg
能量密度	120W·h/kg
持续输出功率	53kW
额定电压	366V［297V$_{(min)}$，411V$_{(max)}$］
辅助设备电压	12V
充电时间	3~5h

该动力蓄电池组的排布情况，如图 3-17 所示。

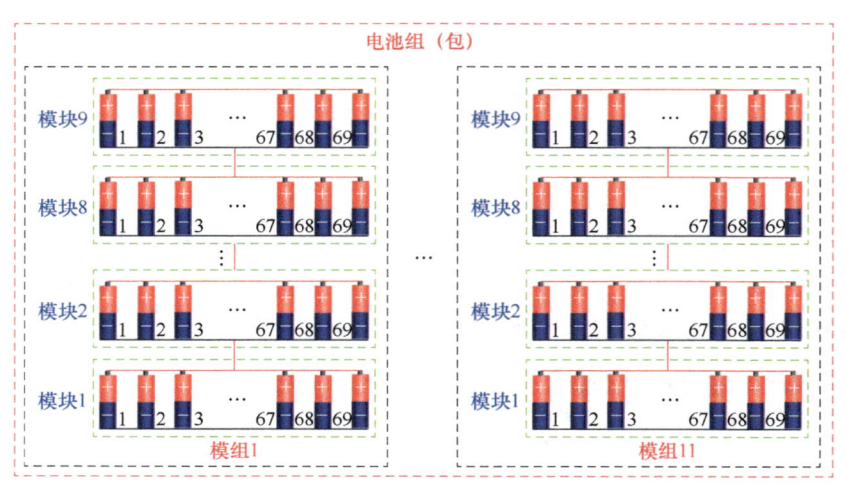

图 3-17　动力蓄电池组的排布情况

该动力蓄电池组由 69 个单体电池并联构成一个电池模块，9 个电池模块串联构成一个电池模组，11 个电池模组串联构成一个电池组（包）。电池串联的目的是增加电池组的电压，电池并联的目的是增加电池组的容量。

电芯数量 = 69×9×11 个 = 6831 个

额定电压 = 3.7×9×11V = 366.3V

容量 = 2.17×69A·h = 149.73A·h

四、整车控制系统和整车控制器

1. 汽车整车控制系统

整车控制系统（以纯电动汽车为例）主要由低压电气系统、高压电气系统和整车网络控制系统组成。整车网络控制系统由整车控制器（VCU）、电机控制器（MCU）、动力蓄电池管理系统（BMS）、信息显示系统和通信系统等组成，如图3-18所示。

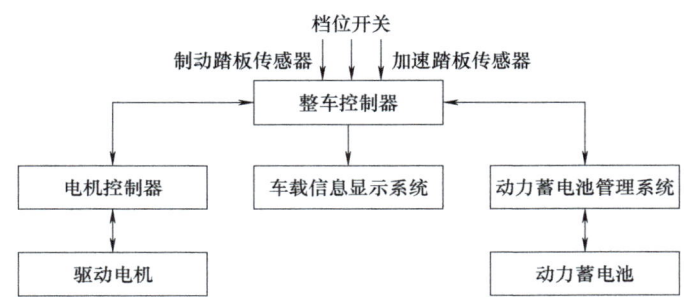

图3-18 纯电动汽车整车网络控制系统的组成示意图

整车网络控制系统的顶层是整车控制器，整车控制器通过CAN总线接收电机控制器和动力蓄电池管理系统的信息，并对电机控制器、动力蓄电池管理系统和车载信息显示系统发送控制指令。电机控制器和动力蓄电池管理系统分别负责驱动电机和动力蓄电池组的监控与管理，车载信息显示系统用于显示车辆当前的状态信息等。

整车网络控制系统的功能如下：

1) 自诊断——整车控制系统自检。
2) 故障报警——车辆所有电控系统故障通过仪表显示。
3) 通信——全车控制器、故障诊断仪、充电桩（CAN线）。
4) 驱动控制——定速巡航、转矩需求和旋转方向。
5) 能量管理——放电和能量回收。
6) 辅助系统控制——电动空调、暖风、散热风扇及真空泵等。
7) 整车安全管理——跛行、停机保护和防误操作（不踩制动踏板选档无效）。
8) 整车信息管理——车载显示（仪表或多媒体）和远程监控（数据采集终端）。

2. 整车控制器

整车控制器作为新能源汽车中央控制单元，是整个控制系统的核心，也是各个子系统的调控中心。纯电动汽车整车控制器组成原理图，如图3-19所示。整车控制器通过采集加速踏板信号、制动踏板信号和档位开关信号等驾驶信息，同时接收CAN总线上电机控制器和动力蓄电池管理系统发出的数据，并结合整车控制策略对这些信息进行分析和判断，提取驾驶人的驾驶意图和车辆运行状态信息，最后通过CAN总线发出指令来控制各部件控制器的工作,以保证车辆的正常行驶。

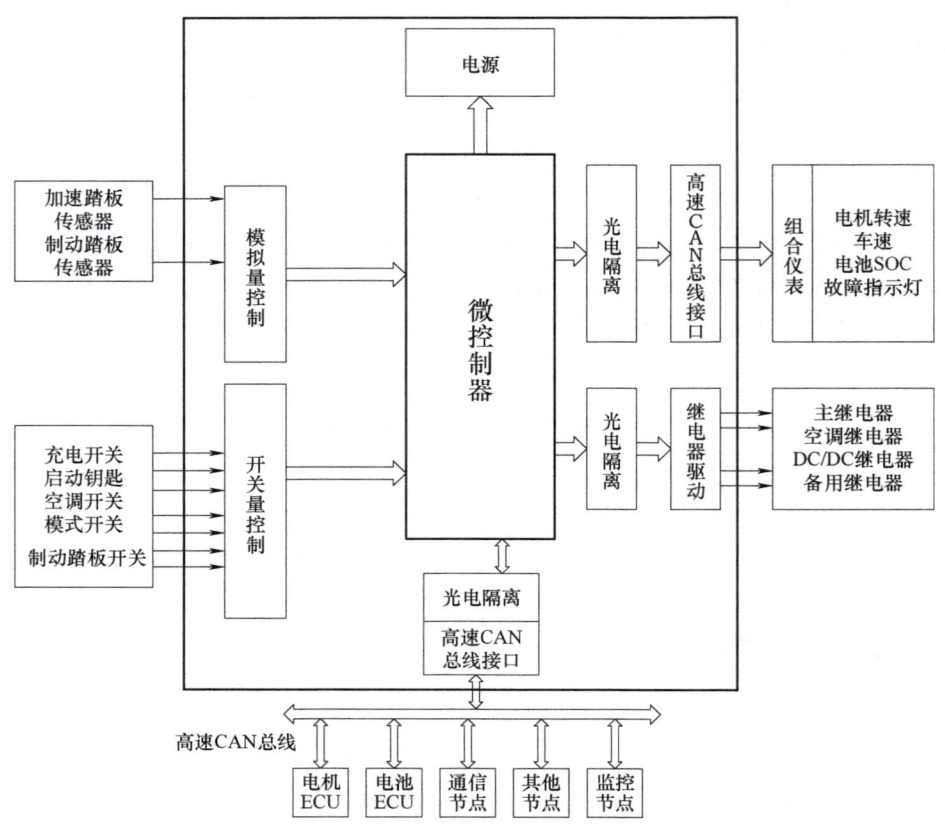

图 3-19　纯电动汽车整车控制器组成原理图

整车控制器的硬件电路包括微控制器、开关量调理、模拟量调理、继电器驱动、高速 CAN 总线接口和电源等模块。

(1) 微控制器　微控制器是整车控制器的核心,综合考虑纯电动汽车整车控制器的功能及其运行的外界环境,微控制器应该具有高速的数据处理性能、丰富的硬件接口、低成本和可靠性高的特点。

(2) 开关量控制　开关量控制用于开关输入量的电平变换和整形,其一端与多个开关量传感器相连,另一端与微控制器相接。

(3) 模拟量控制　模拟量控制用于采集加速踏板和制动踏板的模拟信号,并输送给微控制器。

(4) 继电器驱动　继电器驱动用于驱动多个继电器,其一端通过光电隔离器与微控制器相连,另一端与多个继电器相接。

(5) 高速 CAN 总线接口　高速 CAN 总线接口用于提供高速 CAN 总线接口,其一端通过光电隔离器与微控制器相连,另一端与系统高速 CAN 总线相接。

(6) 电源　电源为微处理器和各输入、输出模块提供隔离电源,并对蓄电池电压进行监控,与微控制器相连。

整车控制器的基本功能如下：
1）对汽车行驶控制的功能。
2）整车的网络化管理。
3）对制动能量的回收。
4）整车能量管理和优化。
5）对车辆状态的监测和显示。
6）故障诊断与处理。
7）外接充电管理。
8）诊断设备的在线诊断和下线检测。

五、动力蓄电池管理系统

1. 动力蓄电池管理系统的组成

电动汽车动力蓄电池系统主要包括动力蓄电池储能系统、动力蓄电池管理系统和动力蓄电池充电系统三大部分。

动力蓄电池管理系统是电动汽车动力蓄电池系统的重要组成部分，如图3-20所示。动力蓄电池管理系统用于管理和维护电池单元的工作状态。在实时监控电池工作状态的基础上，还可以防止动力蓄电池的过充和过放，有效延长动力蓄电池的使用寿命。动力蓄电池管理系统的性能优劣，对电动汽车的整车性能有直接的影响。动力蓄电池管理系统可以提高动力性能，也可以提高电动汽车的续驶里程。

图3-20 动力蓄电池管理系统的位置

动力蓄电池管理系统一般包括检测模块和控制模块两部分。检测模块对电芯的电压、电流和温度进行实时测量，同时实时测量动力蓄电池组的电压。控制模块对测量结果进行处理，通过特定算法对动力蓄电池状态进行估算处理，并发出相应的指令，实现动力蓄电池故障诊断和动力蓄电池保护功能。

动力蓄电池管理系统的检测模块和控制模块之间的拓扑结构有分散式和集中式两种。在电动汽车应用领域，国内主流的动力蓄电池管理系统一般都采用分布式的拓扑结构，如图3-21所示。

图3-21 动力蓄电池管理系统

这样可以更好地实现模块级和系统级的分级管理。分布式动力蓄电池管理系统拓扑结构可以根据不同的动力蓄电池系统进行高效配置,动力蓄电池管理系统和动力蓄电池之间的线束距离更短、更均匀,也更可靠。分布式动力蓄电池管理系统也符合动力蓄电池系统模块化设计的发展趋势,未来的发展前景是可以看好的。

2. 动力蓄电池管理系统的功能

动力蓄电池管理系统的功能,如图 3-22 所示。其主要功能有动力蓄电池状态监测、动力蓄电池状态分析、动力蓄电池安全保护、能量控制管理和动力蓄电池信息管理。

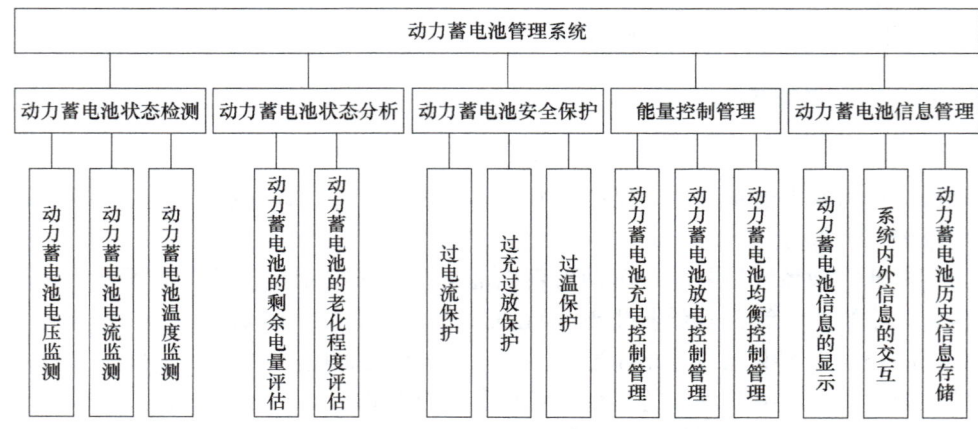

图 3-22 动力蓄电池管理系统的功能

(1) 动力蓄电池状态的监测　监测电池的电压、电流和温度。

(2) 动力蓄电池状态的分析　动力蓄电池的剩余电量和老化程度的评估。SOC(State of Charge,SOC),即荷电状态,用来反映电池的剩余电量,其数值为剩余电量占动力蓄电池额定容量的比值,常用百分数表示。其取值范围为 0~1。当 SOC=0 时,表示动力蓄电池完全放电。当 SOC=1 时,表示动力蓄电池完全充满。准确估测动力蓄电池组的荷电状态,即动力蓄电池剩余电量,保证 SOC 维持在合理的范围内,防止由于过充电或过放电对动力蓄电池的损伤。

(3) 动力蓄电池的安全保护　在动力蓄电池组充放电过程中,实时采集动力蓄电池组中的每块电池的端电压和温度、充放电电流及电池组(包)总电压,防止动力蓄电池发生过充电或过放电的现象。

(4) 能量的控制管理　动力蓄电池的充电和放电的控制管理;单体电池间的能量均衡管理,即单体电池均衡充电,使动力蓄电池组中各个电池都达到均衡一致的状态。均衡技术是世界正在致力研究与开发的一项动力蓄电池能量管理系统的关键技术。

(5) 动力蓄电池的信息管理　动力蓄电池信息的显示、数据记录及分析和通信组网功能，挑选出有问题的电池，保持整组电池运行的可靠性和高效性。

总之，动力蓄电池管理系统对保护电动汽车、充电站设备和人员安全都具有重要意义，动力蓄电池管理系统在高、低温极端环境中能否正常使用还有待验证，相关研发工作人员要积极探索不断研究新技术，以促进动力蓄电池管理系统的升级，更好地满足人们生活需求。

六、动力蓄电池的热管理系统

为了提高整车性能，使动力蓄电池组发挥最佳的性能和寿命，就需要优化动力蓄电池组的结构，设计能够适应高温和低温的动力蓄电池组热管理系统（BTMS）。

1. 动力蓄电池组散热的方法

动力蓄电池组的散热方法可分为空气散热、液冷散热、固体相变材料散热和热管散热等方式，现有主要散热技术以前三种为主。

（1）空冷式散热系统　空冷式散热系统也叫作风冷式散热系统，如图3-23所示。空冷式的散热方式最为简单，只需要让空气流经电池表面带走动力蓄电池所产生的热量，以达到对动力蓄电池组散热的目的。但该种方式效果较差，且很难达到较高的动力蓄电池均温性。

（2）液冷式散热系统　动力蓄电池组液冷式散热系统是指制冷剂直接或间接地接触动力蓄电池，然后通过液体的循环流动把动力蓄电池组内产生的热量带走达到散热效果的一种散热系统，如图3-24所示。

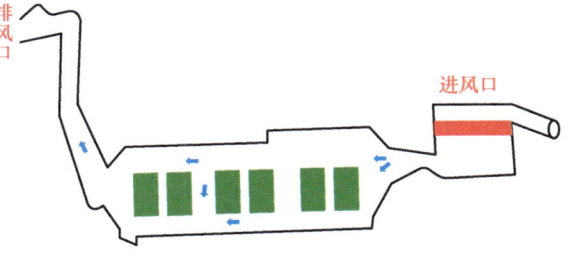

图3-23　空冷式散热系统

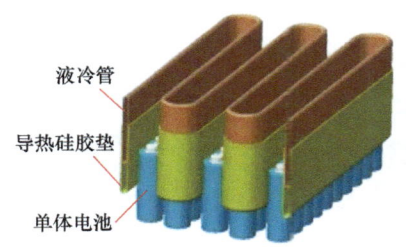

a) 动力蓄电池组液冷结构散热方式

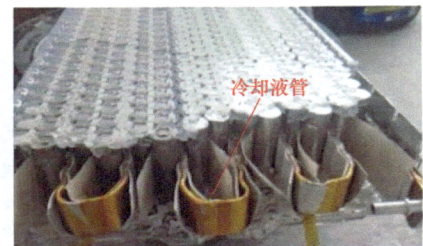

b) 特斯拉散热包液冷散热图

图3-24　液冷式散热系统

制冷剂可以是水、水和乙二醇的混合物、矿物质油和R134a等，这些制冷剂拥有较高的热导率，可以达到较好的散热效果。

当前，动力蓄电池的液冷技术也拥有了相当成熟的技术，在电动汽车的散热系统中也有了相对广泛的应用。比如特斯拉动力蓄电池组就是采用水和乙二醇的混合物的液冷方式散热，宝马i3采用R134a进行散热。

液冷式系统往往要求更复杂更加严苛的结构设计，以防止液态制冷剂的泄漏以及保证动力蓄电池组内单体电池之间的均匀性，而液冷系统的复杂结构也使整套散热系统变得十分笨重，不仅增加整车的重量，使整车的负担大大增加，而且由于其结构的复杂性及高密封性使液冷系统的维护相对困难，维护成本也相应增加。

（3）相变材料式散热系统　相变材料式散热系统是以相变材料作为传热介质，利用相变材料在发生相变时可以储能与放能的特性达到对动力蓄电池低温加热与高温散热的效果，如图 3-25 所示。但相变材料的热导率比较低，为了改变材料的固有缺陷，人们向相变材料中填充一些金属材料，例如有些研究中将很薄的铝板填充到相变材料中，从而达到提高热导率的目的。为了提高相变材料的热导率，还有人提出了向相变材料中填充碳纤维和碳纳米管等。

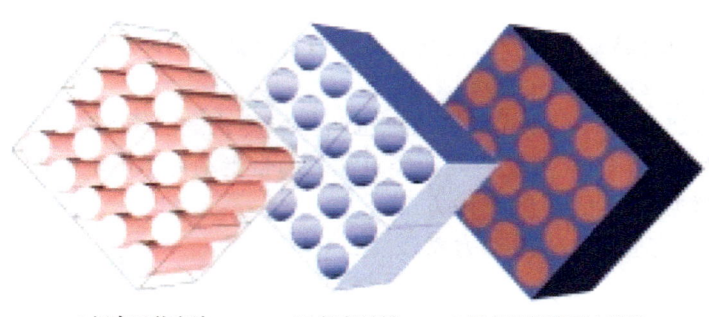

a) 锂离子蓄电池　　b) 相变材料　　c) 相变材料增强电池组

图 3-25　相变材料包裹电池式结构

2. 动力蓄电池组加热的方法

低温时，动力蓄电池组由加热系统加热。加热系统主要由加热元件和电路组成，其中，加热元件是最重要的部分。常见的加热元件有可变电阻加热元件和恒定电阻加热元件，前者通常称为 PTC，后者则是通常由金属加热丝组成的加热膜，如硅胶加热膜和挠性电加热膜等，如图 3-26 所示。

a) 电动汽车专用PTC　　　　b) 动力蓄电池硅胶加热膜

图 3-26　加热系统加热元件

PTC 由于使用安全、热变换效率高、升温迅速、无明火和自动恒温等特点而被广泛使用。其成本较低，对于目前价格较高的动力蓄电池来说是一个有利的因素。但是 PTC 的加热件体积较大，会占据动力蓄电池系统内部较大的空间。绝缘挠性电加热膜是另一种加热器，它可以根据工件的任意形状弯曲，确保与工件紧密接触，以保证最大的热能传递。硅胶加热膜是具有柔软性的薄形面发热体，但其需与被加热物体完全密切接触，其安全性要比 PTC 差些。

> **知识窗**
>
> **电动汽车动力蓄电池组微槽群热管理系统**
>
> 中国科学院工程热物理研究所胡学功研究员领导的科研团队，利用微槽群复合相变技术成功研制了超过120W·h/kg高能量密度的电动汽车动力蓄电池组热管理系统样机。微槽群复合相变技术是利用微细尺度槽群结构复合相变强化传热机理实现高强度传热，是目前国际上一种先进的被动式微细尺度相变强化传热技术。该成果解决了电动汽车行业存在的高能量密度动力蓄电池组单体之间难以保持均温性的技术难题，其技术指标优于特斯拉（电池单体间的温差≤±2℃），且成本优势巨大，处于电动汽车行业内领先水平。

七、常用的动力蓄电池品牌

1. 特斯拉动力蓄电池

特斯拉动力蓄电池从1865到2170再到如今的4680，特斯拉一直选择的都是圆柱形电芯的锂离子蓄电池，如图3-27所示。近年来，特斯拉为了降低成本，选择了棱柱形的磷酸铁锂离子蓄电池，搭载在Model 3和Model Y上。

1865电池直径为18mm、高为65mm，搭载在特斯拉Model S和Model X上，整个电池组都是低容量的小电池。电池组质量稳定，出色的电控技术和液体冷却技术，保证了其续驶表现。1865电池终究会被时代淘汰。

2170电池直径为21mm、高为70mm，主要搭载在Model 3和Model Y上面，2170电池的体积比1865电池大50%左右，提升了体积能量密度，同时也保证了成本控制，价格足够便宜。

图3-27 特斯拉单体电池

4680电池直径为46mm、高为80mm，它通过更简单的制造以及更少的部件，产生的能量是2170的5倍，续驶里程增加16%，功率增加6倍，并且充电速度更快。目前，4680电池配备在美产Model Y上，由特斯拉本土和德国工厂生产。在成本控制、续驶表现、快充表现上，4680电池都是行业内一流的水准。

2. 比亚迪刀片电池

刀片电池是磷酸铁锂离子蓄电池组，通过一种长度超过0.6m的方形电池，排列成一个阵列，像"刀片"一样插入动力蓄电池组，如图3-28所示。刀片电池可以达到最大长度2500mm，是常规普通磷酸铁锂离子蓄电池的10倍以上，可以大大提高动力蓄电池的成组效率。同时，与矩形铝壳电池解决方案相

图3-28 比亚迪刀片电池

比，刀片电池技术还具有散热性好的优点。普通电池组体积的锂离子蓄电池能量密度为251W·h/L，刀片电池的能量密度提高到332 W·h/L，增加30%以上。电池本身可以承担机械强度，电池组的制造工艺简单，制造成本降低，安全性好。

三元锂离子蓄电池的安全性不如磷酸铁锂离子蓄电池，三元锂离子蓄电池在180℃时就容易自燃，而磷酸铁锂离子蓄电池在700℃时才有一定的危险。这就是为什么比亚迪刀片电池能够在穿刺实验中不发生自燃的原因。

磷酸铁锂离子蓄电池组唯一的弊端就是质量能量密度，4680电池组的质量能量密度为217W·h/kg，刀片电池组的质量能量密度仅为140W·h/kg。因此在续驶能力、快充方面，刀片电池还有很长的路要走。

3. 麒麟电池

宁德时代的麒麟电池具有先进的封装技术，它支持磷酸铁锂电芯，也支持三元锂电芯。通过优化空间布局，采用低膨胀的电芯，让结构更加紧凑，单位体积内容纳的电芯数量更大，使其质量能量密度达到了255W·h/kg。

麒麟电池全新的散热技术，可以实现5min快速热起动及10min将电量从10%快充至80%，这也是目前刀片电池和4680电池无法实现的。刀片电池快充需要30min，4680电池快充需要15min。

八、比亚迪CTB技术

比亚迪的CTB技术（电池车身一体化技术）对标的是特斯拉的CTC技术，两者均采用电池上盖板代替车身下底板，省掉了一层地板空间。

CTB技术：Cell to Body，电池车身一体化。

CTC技术：Cell to Chassis，电池底盘一体化。

特斯拉的电池上盖板结合了座椅支架+横向加强结构，侧向受力和弯矩全由电池包承担，侧面预留空间较大，以泡沫塑料填充，采用液冷方案，如图3-29所示。

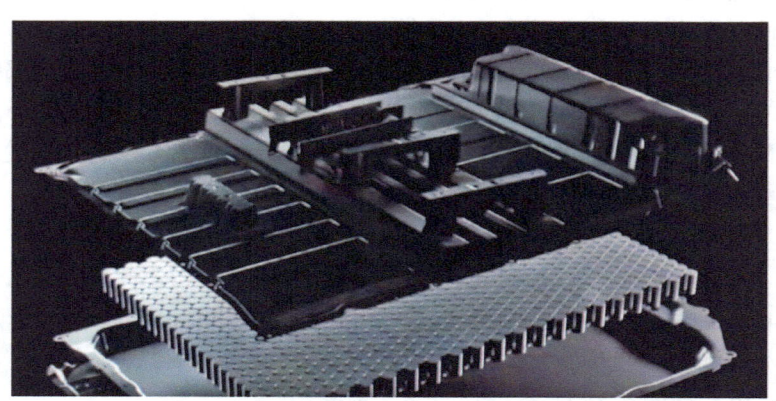

图3-29 特斯拉CTC展示图

比亚迪提供侧向强度和扭转刚度的横向钢梁还留在车上，而非结合到电池上盖板中，侧面预留空间比特斯拉小（刀片侧向强度高于圆柱），采用空调直冷方案，如图3-30所示。

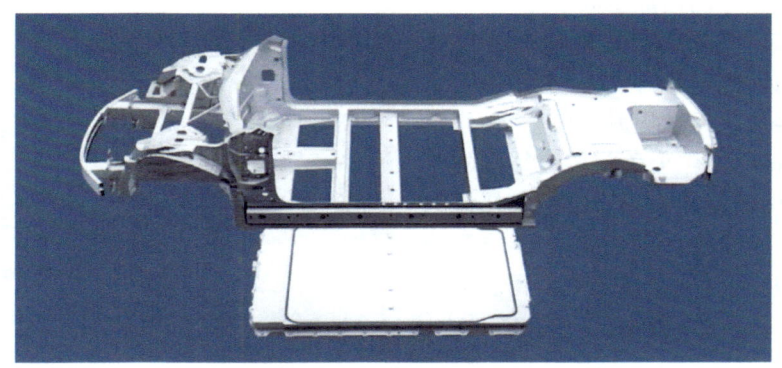

图 3-30 比亚迪 CTB 展示图

因此，比亚迪的 CTB 方案更轻，侧向强度/扭转刚度更高，可拆卸性/密封性更强，因此动力蓄电池维修相对便利，保留换电可能性，但散热效果相比特斯拉 CTC 差一些。

比亚迪 CTB 性能参数如下：

1）动力蓄电池系统体积利用率 66%。
2）正碰结构安全性提升 50%，侧碰结构安全性提升 45%。
3）整车扭转刚度提升一倍，突破 40000+N·m/(°)。
4）垂直空间增加 10mm，超低质心/惯性，50∶50 黄金轴荷比。
5）高电压充电，15 分钟 300km。

一个电池组由四个刀片电池阵列组成，共 172 个 3.2V 电芯，如图 3-31 所示。

动力蓄电池上盖板预留一层聚氨酯缓冲垫，以防止车主直接踩压动力蓄电池，如图 3-32 所示。

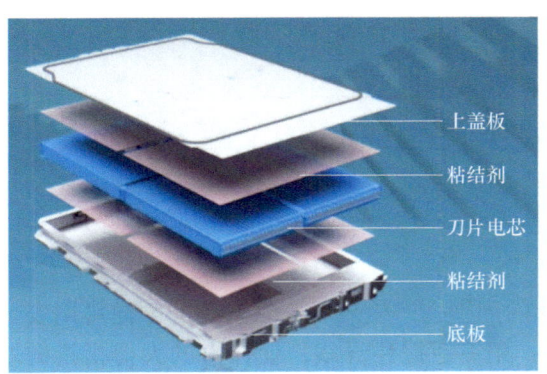

图 3-31 CTB 中刀片电池排布方式

图 3-32 动力蓄电池上盖板的聚氨酯缓冲垫

比亚迪 CTB 方案省掉车身下底板，零跑 CTC 方案选择省掉动力蓄电池上盖板，如图 3-33 所示。保留车身下底板，去掉动力蓄电池包上盖，但保留动力蓄电池模组，因此空间利用率提升有限。

零跑 CTC 方案性能参数如下：

1）动力蓄电池布局空间增加 14.5%。

2）车身垂直空间增加 10mm。
3）车辆综合工况续驶提升 10%。
4）车型扭转刚度提升 25%。
5）车身轻量化系数提升 20%。

CTB 技术将电池包上盖与传统结构的车身底板集成，构成上盖、刀片电池、托盘的整车"三明治"结构，动力蓄电池的系统体积利用率提升至 66%，系统能量密度提升了 10%。

图 3-33 零跑 CTC 方案

 单元二　驱动电机与电力电子

一、电机的定义及电磁理论基础知识

电机是机械能与电能之间变换装置的通称。变换是双向的，大部分应用的是电磁感应原理。由机械能变换成电能的电机，通常称为"发电机"；把电能变换成机械能的电机，通常称为"电动机"。

电机涉及的电磁理论基础知识如下：

（1）AC（交流）电　交流电是指电流的方向和大小都随时间进行周期性变化的电流，在一个周期内的平均电流为零，如图 3-34 所示。电流极性在 1s 内的变化次数称为频率，单位为 Hz。

（2）DC（直流）电　直流电是指电流的大小和方向都不随时间变化的电流，如图 3-35 所示。

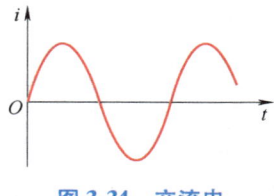

图 3-34　交流电　　　　　　　　图 3-35　直流电

（3）安培定则（右手螺旋定则）　通电直导体的周围会产生磁场，磁感线的方向可用安培定则判定，如图 3-36 所示。安培定则的内容是：用右手握住导线，让伸直的大拇指指向电流的方向，弯曲的四指所指的方向就是磁感线的环绕方向。通电直导体的磁感线是一系列与直导体垂直且以直导体上的各点为圆心的同心圆。安培定则应用于"电生磁"。

通电螺线管产生的磁场方向可以这样判定：让右手弯曲的四指沿着电流方向，那么伸直的大拇指所指的一端就是通电螺线管的 N 极，如图 3-37 所示。通电螺线管外的磁感线是由 N 极指向 S 极，在管内的磁感线则是由 S 极指向 N 极，形成闭合曲线。

（4）右手定则　电磁感应现象是指因磁通量变化而产生感应电动势的现象。例如，闭合电路的一部分导体在磁场里做切割磁力线的运动时，导体中就会产生电流，产生的电流称为感应电流，产生的电动势（电玉）称为感应电动势。

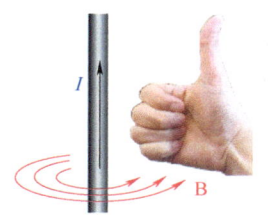

图 3-36　安培定则

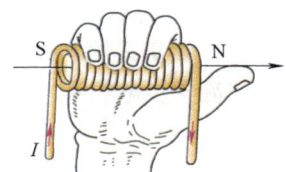

图 3-37　判断通电螺线管磁场方向的示意图

感应电动势的方向可以通过右手定则来确定，如图 3-38 所示。右手定则的内容是：伸平右手使拇指与四指垂直，手心向着磁场的 N 极，拇指的方向与导体运动的方向一致，四指所指的方向为导体中感应电流的方向（感应电动势的方向与感应电流的方向相同）。右手定则应用于"磁生电"。

（5）左手定则　载流导体在磁场中的受力方向可用左手定则来确定，如图 3-39 所示。左手定则的内容是：伸平左手使拇指与四指垂直，手心向着磁场的 N 极，四指的方向与导体中电流的方向一致，则拇指所指的方向为导体在磁场中的受力方向。

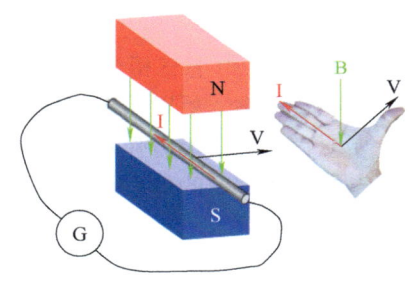

图 3-38　右手定则

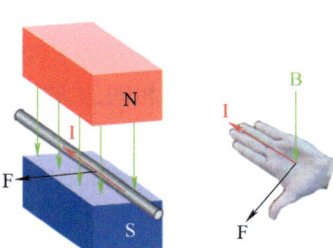

图 3-39　左手定则

电动机是把电能变换成机械能的一种设备，其特点是起步加速性能好。电动机的转矩特性特别适合作为汽车的驱动装置，因为电动机在起动时就能达到最大转矩，而发动机的最大转矩至少要在发动机转速达到 1200r/min 时才能达到，如图 3-40 所示。

电动机为什么会有这样的转矩特性呢？这是因为电动机的定子和转子之间没有任何接触，存在一定的气隙，两者在物理结构上完全独立。当转子开始旋转时，在它本身内部没有受到任何阻力，可以很容易地达到最大转矩。而发动机旋转机构有飞轮、曲轴、连杆和活塞等，不仅有重量，而且还有摩擦力等影响旋转机构的运转。发动机的转矩输出必须随着转速的提高而逐渐提升。电动机一起动就拥有最大转矩的特性，使电动汽车的起步和初始加速性能特别好。

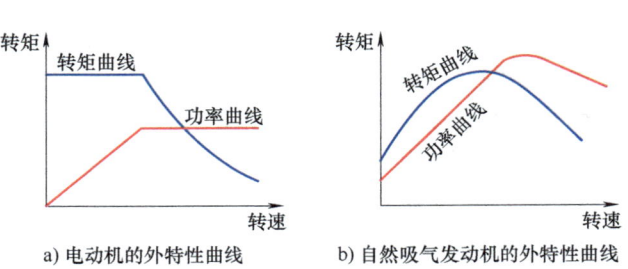

a) 电动机的外特性曲线　　b) 自然吸气发动机的外特性曲线

图 3-40　电动机与发动机的外特性曲线

二、新能源汽车电机的类型

电机的类型，如图 3-41 所示。新能源汽车中的电机多数时间是当电动机使用，只有在减速或制动能量回收时才会变成发电机。电动机是新能源汽车的动力装置，新能源汽车上采用的驱动电机主要有交流异步电机和永磁同步电机两种。

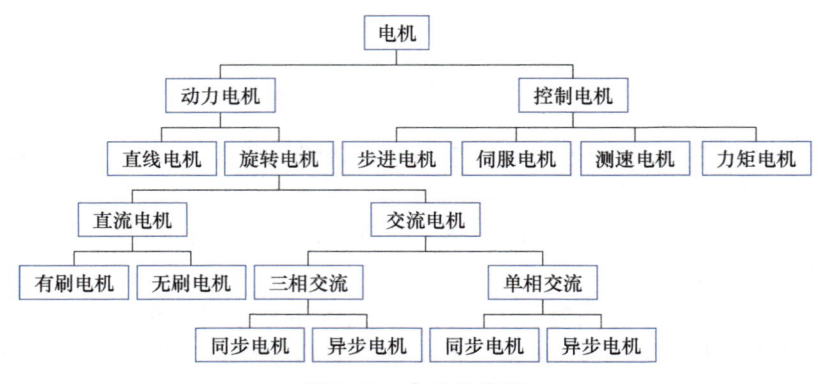

图 3-41　电机的类型

1. 交流异步电机

（1）交流异步电机的结构　交流异步电机又称为感应电机，由于三相交流异步电机的转子与定子旋转磁场以相同的方向、不同的转速旋转，存在转差率，所以叫作三相交流异步电机。三相交流异步电机具有结构简单、运行可靠、价格便宜、过载能力强及使用、安装和维护方便等优点。但在同样的功率和转矩下，交流异步电动机所需要的体积和重量要远大于永磁同步电机。

笼型三相交流异步电机的结构，如图 3-42 所示。笼型三相交流异步电机主要由定子、转子、轴承、端盖和机壳等组成。

1）定子。定子的作用就是用来产生旋转磁场。定子主要由定子铁心和定子绕组等组成，如图 3-43 所示。定子铁心通常由很多圆环状的硅钢片叠合在一起组成，硅钢片上涂有绝缘层，使叠片之间绝缘。硅钢片中间开有很多小槽用于嵌入定子绕组，三相定子绕组之间相差 120°电角度。

转一圈为 360°（机械角度），电角度与机械角度的关系为

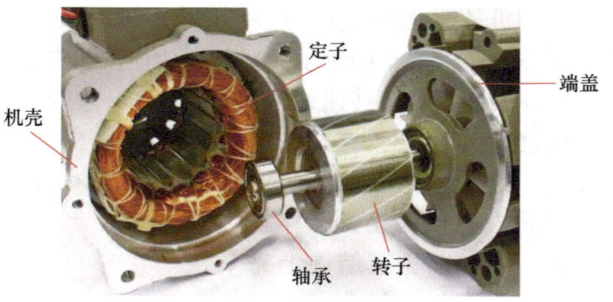

图 3-42　笼型三相交流异步电机的结构

电角度＝机械角度×磁极对数

对于只有一对磁极的电机，机械角度就是电角度；对于磁极对数为 3 的电机，机械角度 120°代表的就是 360°电角度。

下面以一对磁极的三相异步电机为例，说明定子产生旋转磁场的过程。

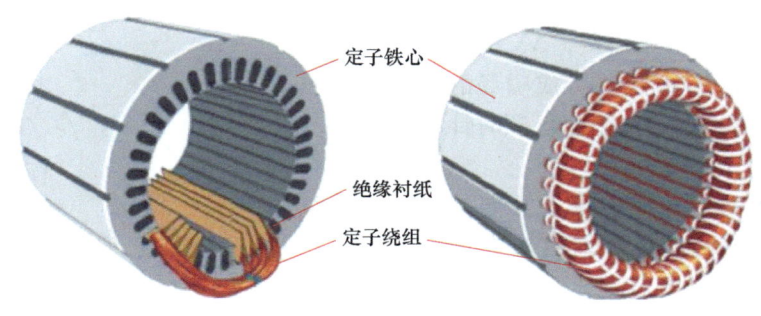

图 3-43 定子

三相对称交流电的电流波形，如图 3-44 所示。

$$i_A = I_m \sin\omega t$$
$$i_B = I_m \sin(\omega t - 120°)$$
$$i_C = I_m \sin(\omega t - 240°)$$

具有一对磁极的三相异步电机定子绕组，如图 3-45 所示。A、B 和 C 分别代表三相绕组的首端，X、Y 和 Z 分别代表三相绕组的尾（或末）端，三相绕组采用星形联结。

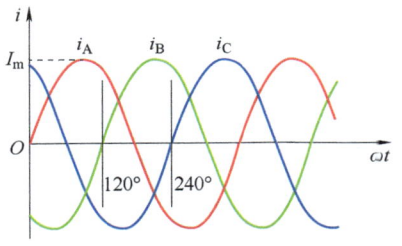 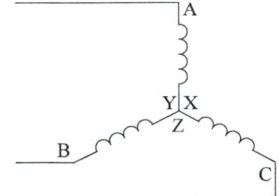 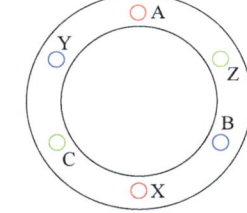

图 3-44 三相对称交流电的电流波形　　　图 3-45 具有一对磁极的三相异步电机定子绕组

当 $\omega t = 0°$ 时，A 相电流为零，AX 绕组中无电流。B 相电流为负，BY 绕组中的电流从 Y 流入 B 流出。C 相电流为正，CZ 绕组中的电流从 C 流入 Z 流出。合成磁场的方向由 A 指向 X（可用安培定则判定），如图 3-46 所示（图中"×"表示进，"·"表示出）。

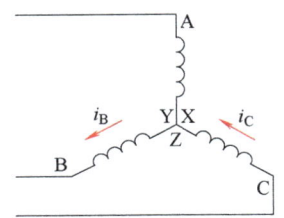 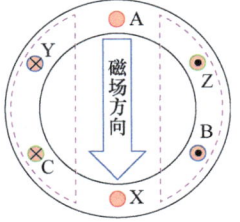 

图 3-46 当 $\omega t = 0°$ 时，合成磁场方向

当 $\omega t = 120°$ 时，B 相电流为零，BY 绕组中无电流。A 相电流为正，AX 绕组中的电流从 A 流入 X 流出。C 相电流为负，CZ 绕组中的电流从 Z 流入 C 流出。合成磁场的方向由 B 指向 Y，此时合成磁场已顺时针旋转 120°，如图 3-47 所示。

当 $\omega t = 240°$ 时，C 相电流为零，CZ 绕组中无电流。B 相电流为正，BY 绕组中的电流从 B 流入 Y 流出。A 相电流为负，AX 绕组中的电流从 X 流入 A 流出。合成磁场的方向由 C 指向 Z，此时合成磁场已顺时针旋转 240°，如图 3-48 所示。

当 $\omega t = 360°$ 时，合成磁场的方向同图 3-46，至此合成磁场已顺时针方向旋转一周。三相绕组只要有电，合成磁场就一直顺时针方向旋转下去。A、B 和 C 三相绕组任意交换两相电的输入，即可改变合成磁场的旋转方向。

2）转子。转子的主要作用是切割合成磁场产生感应电动势。转子主要由转轴、转子铁心和转子绕组组成，如图 3-49 所示。转子铁心是由很多外圆开有小槽的硅钢片叠在一起构成的，小槽用来放置转子绕组，转轴则嵌套在转子铁心的中间。

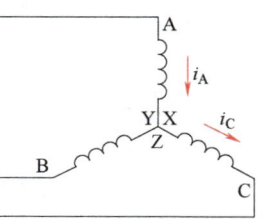
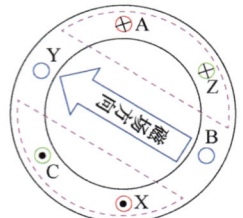

图 3-47　当 $\omega t = 120°$ 时，合成磁场方向

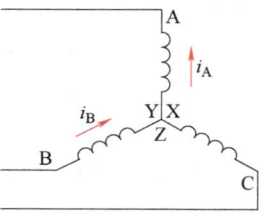
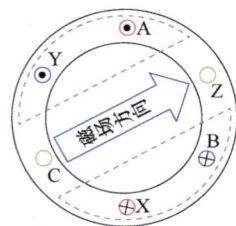

图 3-48　当 $\omega t = 240°$ 时，合成磁场方向

图 3-49　笼型转子

（2）三相交流异步电机的工作原理　当电机的三相定子绕组通入三相对称交流电后，将产生一个旋转磁场，该旋转磁场切割转子绕组，从而在转子绕组中产生感应电流（转子绕组是闭合通路）。为了说明的方便，图 3-50 中用一对永久磁铁代表定子绕组产生的一对磁极，磁场顺时针方向旋转后，转子绕组中产生感应电流的方向（可用安培定则判定），如图 3-50b 所示。

载流的转子导体在定子旋转磁场的作用下将产生电磁力（可用左手定则判定），如图 3-51 所示。从而在电机转轴上形成电磁转矩，驱动电机旋转，并且电机转子旋转方向与旋转磁场方向相同。转子的转速永远低于旋转磁场的转速，若两者转速相等，转子就不能切割磁感线，就不会产生感应电流，转子也就不能旋转了。这就是异步电机必须异步的原因。

（3）交流异步电机的控制　交流异步电机是一个多变量系统，其中，变量电压、电流、频率、磁通和转速之间又相互影响，所以是强耦合的多变量系统。对这样一个非线性、多变量、强耦合的复杂系统进行有效控制，成为研究的重点。

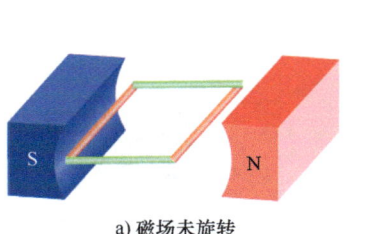
a) 磁场未旋转

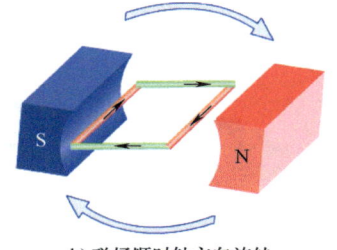
b) 磁场顺时针方向旋转

图 3-50　转子电流的产生及方向

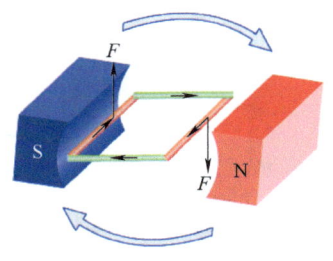
图 3-51　转子旋转方向

目前，对交流异步电机的调速控制主要有恒压频比开环控制、转差控制、矢量控制以及直接转矩控制等。

1）恒压频比开环控制。恒压频比开环控制实际上只控制了电机磁通而没有控制电机的转矩，采用这样的控制系统对异步电机来讲根本谈不上控制性能，通常只用于对调速性能要求一般的通用变频器上。

2）转差控制。转差控制根据交流异步电机电磁转矩和转差频率的关系来直接控制电机的转矩，可以在一定的转差频率范围内、一定程度上通过调节转差来控制电机的电磁转矩，从而改善调速系统的控制性能，但其控制理论是建立在交流异步电机的稳态数学模型基础上的，它适合于电机转速变化缓慢或者对动态性能要求不高的场合。

3）矢量控制。矢量控制理论采用矢量分析的方法来分析交流电机内部的电磁过程，是建立在交流电机的动态数学模型基础上的控制方法。它模仿直流电机的控制技术，将交流电机的定子电流解耦成互相独立的产生磁链的分量和产生转矩的分量。分别控制这两个分量就可以实现对交流电机的磁链控制和转矩控制的完全解耦，从而达到理想的动态性能。

4）直接转矩控制。直接转矩控制是将电机输出转矩作为直接控制对象，通过控制定子磁场矢量控制电机转速。它不需要复杂的坐标变换，也不需要依赖转子数学模型，只是通过控制 PWM 型逆变器的导通和切换方式，控制电机的瞬时输入电压，改变磁链的旋转速度来控制瞬时转矩，使系统性能对转子参数呈现鲁棒性，这种方法已被推广到弱磁调速范围。逆变器的 PWM 采用电压空间矢量控制方式，性能优越，但同时不可避免地产生了转矩脉动、调速性能降低的问题。此外，该方法对逆变器开关频率提高的限制较大，定子电阻对电机低速性能也有较大影响，如在低速区，定子电阻的变化会引起定子电流和磁链的畸变，以及转矩脉动、死区效应和开关频率等问题。

2. 永磁同步电机

（1）**永磁同步电机的结构**　永磁同步电机的结构，如图 3-52 所示，它主要由定子、永磁体转子、旋变器总成和端盖等组成。由于转子速度与定子旋转磁场的速度相同，所以叫作同步电机。永磁同步电机的优点是效率较高，同时其体积可以减小，另外，转子转动惯量小，所以动态性能好，噪声小，低效率时有较大的功率和转矩输出。缺点是成本高，永磁体依赖稀土；如果想要大的功率，就要大块的永磁体，造价高；另外，它在高温之类的恶劣环境下容易退磁。目前，永磁同步电机被各大新能源汽车品牌车型选用。

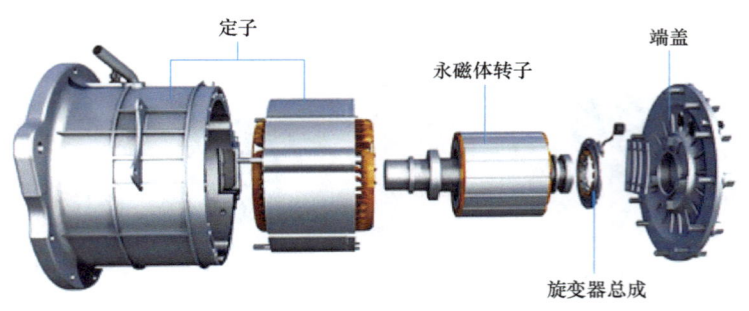

图 3-52　永磁同步电机的结构

1）定子。永磁同步电机的定子，如图 3-53 所示。定子由互相绝缘的硅钢片叠压而成，其中装有三相交流绕组，通入三相交流电后就会产生旋转磁场，原理同三相交流异步电机的定子。

2）转子。永磁同步电机的转子，如图 3-54 所示。转子可以制成实心的形式，也可以由叠片压制而成，其上装有永磁体材料。

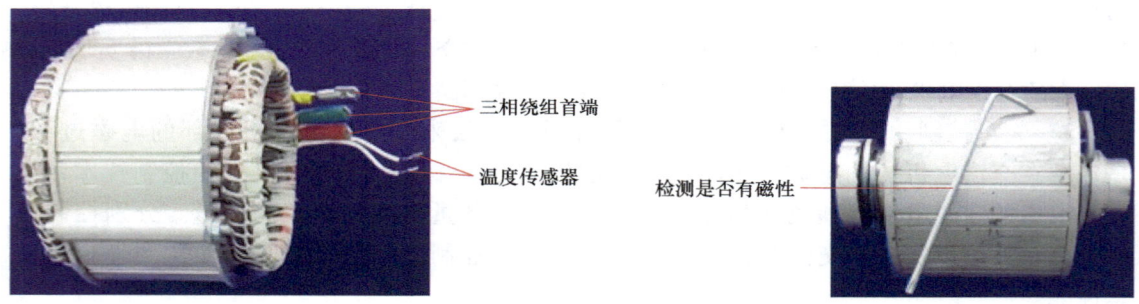

图 3-53　永磁同步电机的定子　　　　图 3-54　永磁同步电机的转子

3）旋变器。旋转变压器简称为旋变器，用于监测电机永磁转子的位置和转速，并将其发送给电机控制器。旋变器的外观，如图 3-55 所示。由于电动机定子的旋转磁场转速与转子的转速必须实现同步，所以电机控制器需要对转子当前的转速、位置以及定子的电流（由电流传感器采集）进行精确识别。再结合整车控制器发送来的转矩需求指令，就能够对驱动电机进行最佳控制。

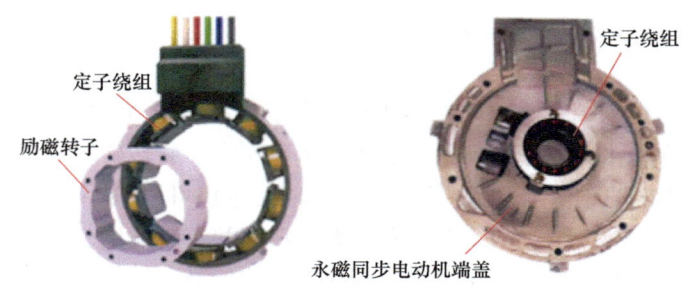

图 3-55　旋变器的外观

旋变器同样具有定子和转子，定子上共有三个线圈，其组成如图 3-56 所示。

在旋变的三个线圈中，其中一个为励磁线圈，该线圈在工作时会被持续施加电压。第二个是正弦线圈，第三个则是余弦线圈，正弦线圈与余弦线圈彼此相差 90°电角度，并且这两个线圈产生的电压均为输出信号。转子被设计成多极形状，磁极的外形应符合能感应正弦信号的特殊要求。如果励磁线圈输入了感应电流，则正、余弦两个感应线圈将依据旋变转子和定子的位置关系，调制出具有正弦和余弦的输出信号，其工作原理如图 3-57 所示。

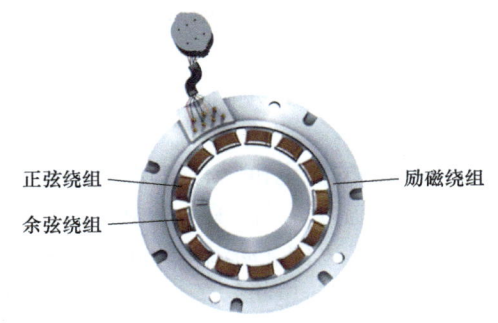

图 3-56　旋变器定子的结构

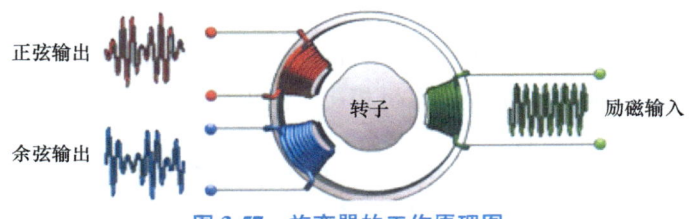

图 3-57　旋变器的工作原理图

旋变器各线圈的信号波形，如图 3-58 所示。

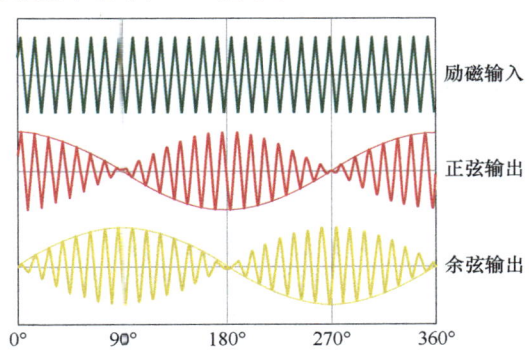

图 3-58　旋变器各线圈的信号波形

（2）永磁同步电机的工作原理　在电机的定子绕组中通入三相电流后就会形成旋转磁场，由于在转子上安装了永磁体，永磁体的磁极是固定的，根据磁极的同性相斥异性相吸的原理，在定子中产生的旋转磁场会带动转子进行旋转（图中为顺时针方向），如图 3-59 所示。

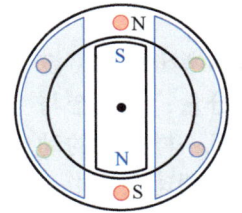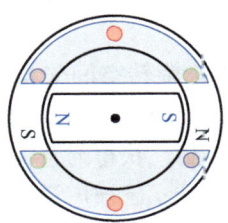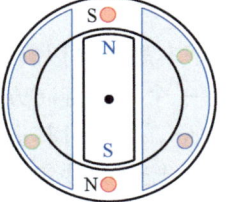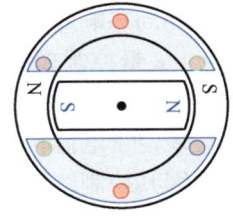

图 3-59　永磁同步电机的工作原理图

(3) 永磁同步电机的特点　永磁同步电机与其他电机相比，具有以下优点：

1）用永磁体取代绕线式同步电机转子中的励磁绕组，从而省去了励磁线圈、集电环和电刷，以电子换相实现无刷运行，结构简单，运行可靠。

2）永磁同步电机的转速与电源频率间始终保持准确的同步关系，控制电源频率就能控制电机的转速。

3）永磁同步电机具有较硬的机械特性，对于因负载变化而引起的电机转矩的扰动具有较强的承受能力，瞬间最大转矩可以达到额定转矩的 3 倍以上，适合在负载转矩变化较大的工况下运行，适合电动汽车的起动加速。

4）永磁同步电机转子为永久磁铁，无须励磁，因此电机可以在很低的转速下保持同步运行，调速范围宽。

5）永磁同步电机与异步电机相比，不需要无功励磁电流，因而功率因数高，定子电流和定子铜耗小，效率高。

6）体积小、质量小。近些年来，随着高性能永磁材料的不断应用，永磁同步电机的功率密度得到很大提高，与同容量的异步电机相比，体积和质量都有较大的减小，适合电动汽车空间有限的特点。

7）结构多样化，应用范围广。永磁同步电机由于转子结构的多样化，产生了特点和性能各异的许多品种，从工业到农业，从民用到国防，从日常生活到航空航天，从简单电动工具到高科技产品，几乎无所不在。

永磁同步电机存在以下缺点：

1）由于永磁同步电机转子为永磁体，无法调节，必须通过加定子直轴去磁电流分量来削弱磁场，这会增大定子的电流，增加电机的铜耗。

2）永磁同步电机的磁钢价格较高。

(4) 永磁同步电机的控制　为了提高永磁同步电机控制系统性能，使其具有更快的响应速度、更高的转速精度及更宽的调速范围，使其动态、静态响应能够与直流电机系统相媲美，人们提出了各种新型控制策略用于永磁同步电机控制。

1）恒压频比开环控制。恒压频比开环控制的控制变量为电机的外部变量（即电压和频率）。控制系统将参考电压和频率输入实现控制策略的调制器中，最后由逆变器产生一个交变的正弦电压施加在电机的定子绕组上，使之运行在指定的电压和参考频率下。按照这种控制策略进行控制，使供电电压的基波幅值随着速度指令呈比例地线性增长，从而保持定子磁通的近似恒定。这种控制策略简单、易于实现，转速通过电源频率进行控制，不存在异步电机的转差和转差补偿问题。但同时，由于系统中不引入速度和位置等反馈信号，因此无法实时捕捉电机状态，致使无法精确控制电磁转矩、在突加负载或者速度指令时，容易发生失步现象；也没有快速的动态响应特性。

2）矢量控制。矢量控制理论的基本思想是以转子磁链旋转空间矢量为参考坐标，将定子电流分解为相互正交的两个分量：一个与磁链同方向，代表定子电流励磁分量；另一个与磁链方向正交，代表定子电流转矩分量。分别对其进行控制，获得与直流电机一样良好的动态特性。矢量控制因其控制结构简单，控制软件实现较容易，已被广泛应用到调速系统中。

永磁同步电机矢量控制策略与异步电机矢量控制策略有些不同。由于永磁同步电机转速和电源频率严格同步，其转子转速等于旋转磁场转速，转差值恒等于零，没有转差功率，控制效果受转子参数影响小。因此，在永磁同步电机上更容易实现矢量控制。

3）智能控制。为了提高永磁同步电机的控制性能和控制精度，模糊控制和神经网络控制等开始应用于同步电机的控制。采用智能控制方法的永磁同步电机控制系统，在多环控制结构中，智能控制器处于最外环充当速度控制器，而内环电流控制、转矩控制仍采用 PI 控制、直接转矩控制这些方法。这主要是因为外环是决定系统的根本因素，而内环的主要作用是改造对象特性，以利于外环的控制，各种扰动给内环带来的误差可以由外环控制或抑制。

三、电机的主要参数和型号

新能源汽车电机的主要参数如下：

1）额定功率。额定功率是指电机在额定条件下的输出功率，单位为 W 或 kW。
2）峰值功率。峰值功率是指电机在规定的持续时间内，电机允许的最大输出功率，单位为 W 或 kW。
3）额定转速。额定转速是指电机在额定功率下的转速，单位为 r/min。
4）最高工作转速。最高工作转速是指相应于电动汽车最高设计车速时的电机转速，单位为 r/min。
5）额定转矩。额定转矩是指电机在额定功率和额定转速下的输出转矩，单位为 N·m。
6）峰值转矩。峰值转矩是指电机在规定的持续时间内允许输出的最大转矩，单位为 N·m。
7）堵转转矩。堵转转矩是指电机转速为零时的力矩。

新能源汽车电机的型号由五部分组成，如图 3-60 所示。

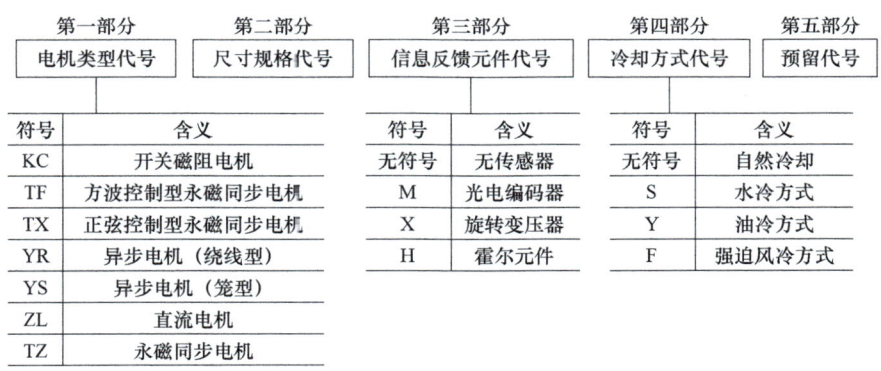

图 3-60　新能源汽车电机的型号

1）电机类型代号：电机类型代号使用两个字母来代表电机的类型。
2）尺寸规格代号：尺寸规格代号一般采用定子铁心的外径来表示。对于外转子电机，采用外转子铁心的外径来表示。
3）信息反馈元件代号：信息反馈元件即转子位置传感器。
4）冷却方式代号：根据不同的冷却方式进行标注。
5）预留代号：三位预留代号用英文大写字母或阿拉伯数字组合，其含义由制造商自行确定。

图 3-61 所示为某新能源汽车的铭牌，电机型号为 YS15H001。

电机型号 YS15H001 含义如下：

YS—笼型异步电机，15—定子铁心的外径为 150mm，H—霍尔元件，自然冷却。

图 3-61 某新能源汽车的铭牌

四、新能源汽车变向和变速原理

1. 新能源汽车变向原理

当驾驶人把档位挂入倒档，此信号传到电机控制器，电机控制器给电动机定子三相绕组进行换相，电动机反转，即可实现倒车。

2. 新能源汽车变速原理

（1）新能源汽车减速器　新能源汽车电动机一开始旋转就能输出最大转矩，完全可以满足汽车起步时所需要的高转矩，所以新能源汽车不需要变速器来增大转矩。然而，电动机的转速相对发动机要高得多，电动汽车感应电动机的转速可以达到 8000~12000r/min，必须要把电动机的高转速降下来再传递到车轮上，往往只用一个减速机构就可满足新能源汽车起步的要求。

新能源汽车的减速机构一般采用小齿轮驱动大齿轮就可实现。新能源汽车上的减速机构通常采用两级减速齿轮，如图 3-62 所示。电动机输出轴驱动一个中间齿轮，中间齿轮再驱动差速器的大齿轮，即实现了两级减速，将电动机的转速大幅降下来。

图 3-62 新能源汽车的减速机构

新能源汽车的差速器，如图 3-63 所示，它由差速器壳、行星齿轮轴、行星齿轮、半轴齿轮和二级减速从动齿轮等组成。行星齿轮套装在行星齿轮轴的两端，而半轴齿轮分别与行星齿轮啮合并通过中间花键孔与两侧半轴连接。二级减速从动齿轮通过螺栓固定在差速器壳上，行星齿轮轴装入差速器壳轴颈孔中。

差速器的工作原理：差速器壳与行星齿轮轴连成一体，并由二级减速从动齿轮带动一起转动，是差速器的主动件。

1）汽车直线行驶。当汽车直线行驶时，如图 3-64 所示。行星齿轮相当于一个等臂杠杆保持平衡，即行星齿轮不自转，而只随行星齿轮轴及差速器壳一起公转，两半轴无转速差，差速器不起差速作用。

图 3-63　新能源汽车的差速器

2）汽车转弯行驶（右转弯）。当汽车转弯行驶时，如图 3-65 所示。行星齿轮除了随差速器壳一起公转外，还绕行星齿轮轴自转，则左半轴齿轮的转速加快，右半轴齿轮的转速减慢。

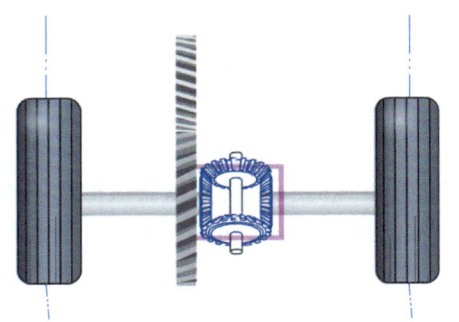

图 3-64　汽车直线行驶

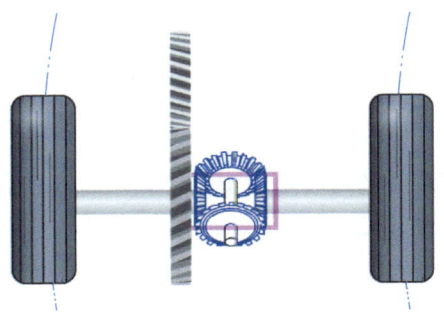

图 3-65　汽车转弯行驶（右转弯）

这就是差速器的差速作用，即汽车在转弯或其他情况下行驶时，两侧车轮可以不同的转速在地面上纯滚动。

(2) 变频调速　电机控制器将动力蓄电池的高压直流电变换成三相交流电，实现 DC/AC 变换。这种变换是通过脉冲宽度调制技术来实现的。在变换中通过改变电源脉冲信号的频率，就可以改变定子磁场的转速。它们之间的关系为

$$定子磁场转速 = 60 \times 脉冲频率 \div 电动机磁极对数$$

如果是同步电动机，转子转速 = 定子磁场转速；

如果是异步电动机，转子转速 = 定子磁场转速 $(1-S)$

$$= 60 \times 脉冲频率 \div 电动机磁极对数 (1-S)，S = 2\% \sim 6\%$$

举例说明：若交流电的脉冲频率为50Hz，电动机磁极对数为2，S取4%。则

同步电动机转速=60×50÷2r/min=1500r/min

异步电动机转速=60×50÷2×(1-4%)r/min=1440r/min

由于交流电的频率决定了电动机的转速，交流电的电压决定了电动机的转矩。因此，电机控制器通过控制DC/AC变换器（逆变器）中开关器件的通断时机和时间，就可以调节电动机的转速和转矩。

（3）电动机的工作过程

1）通电起动。当驾驶人转动启动钥匙时，汽车并没有什么反应和动静，只是附件电器接通电源，电动机没有运转。

2）电动机转动。当驾驶人踩加速踏板时，电机控制器根据加速踏板位移传感器的信息，发出接通电动机电源的指令，动力蓄电池通过DC/AC变换器向电动机定子绕组提供三相交流电，使电动机开始旋转。

3）减速器减速。电动机起动后就能达到最大转矩，只要将电动机的高转速降下来即可顺利起步。

4）加速。当继续向下踩加速踏板希望汽车加速时，电机控制器根据加速踏板位移传感器的信息，向电动机输出更高的电源频率和电压，从而使电动机转速升高，进而使车速上升。

5）减速。当抬起加速踏板时，电机控制器根据加速踏板位移传感器的信息，通过降低电源频率来降低电动机转速，使车辆减速；或转为能量回收模式，车辆拖动电动机转动，电动机变为发电机，逐渐使汽车减速或停车。

6）制动。当踩制动踏板时，立即进入能量回收模式，车辆在惯性作用下拖动电动机转动，电动机变为发电机，使汽车减速停车。

五、电机控制器

1. 电机控制器的作用及组成

电机控制器是电动汽车驱动电机控制系统的重要组成部件，它主要起到调节电机运行状态，使其满足整车不同运行要求的目的，如图3-66所示。具体来说就是电机控制器从整车控制器获得整车需求（档位、加速和制动等指令），从动力蓄电池获得电能，经自身逆变器（DC/AC变换器）调制，获得驱动电机所需电能，从而使电机的转速和转矩满足整车的要求（起动、加速、制动、减速、爬坡和能量回收等）。

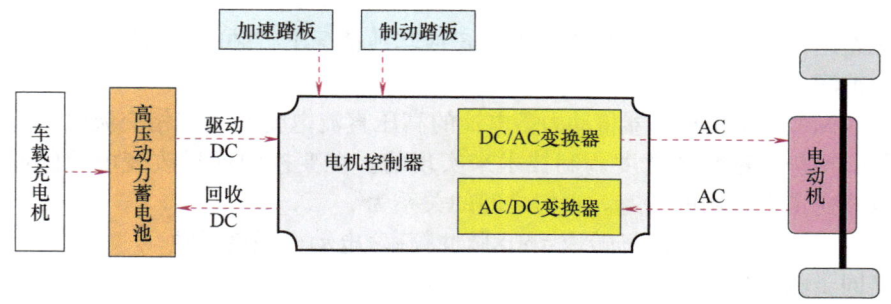

图3-66 电机控制器原理示意图

电机控制器是驱动电机系统的控制中心，其主要由控制模块、传感器、功率模块、散热风扇和驱动模块等组成，如图 3-67 所示。

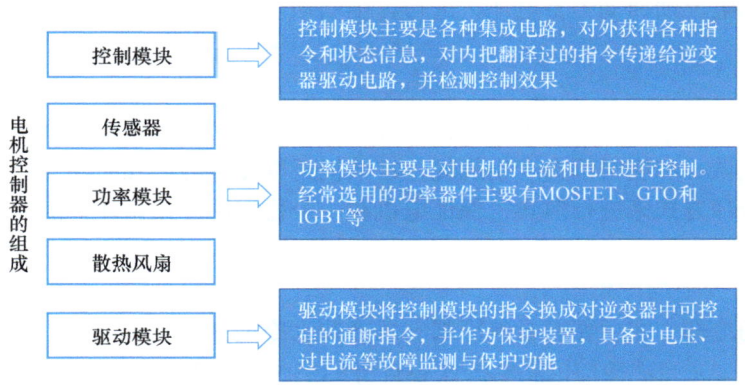

图 3-67 电机控制器的组成

2. 电机控制器的工作原理

电机控制器的工作原理示意图，如图 3-68 所示。在驱动电机系统中，电机控制器对所有的输入信号进行处理，根据位置传感器检测到转子位置信号，经处理后得到电机实际转速信号；根据档位、加速踏板和制动踏板等信号，处理后得到电机的需求转速；并通过矢量控制，得到 PWM 发生器的输入信号，通过驱动电路产生控制逆变器功率元件（IGBT）导通和断开的控制信号，输入给逆变器，从而控制车辆的起动运行、行驶速度和制动等行驶状态；同时，电机控制器将系统运行状态通过 CAN 网络进行信息共享发送，从而实现车辆行驶状态的反馈。

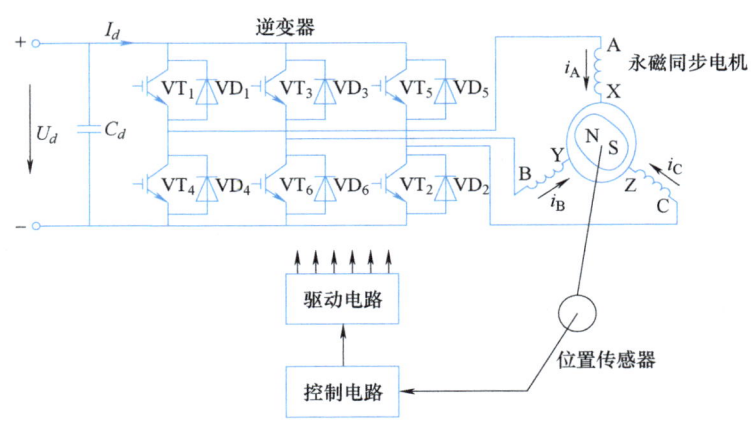

图 3-68 电机控制器的工作原理示意图

电机控制器对驱动电机的控制分为驱动控制、速度控制、方向控制和制动控制。

（1）驱动控制　电机控制器内部的逆变器将动力蓄电池提供的直流电逆变为电压、频率可调的三相交流电，供给驱动电机并驱动汽车运行。

（2）速度控制　采用 PWM 控制改变逆变器输出的三相交流电的电压和频率就可以改变电机的转速和转矩，从而对汽车进行调速。

（3）方向控制　通过改变逆变器中 IGBT 的导通顺序就可以改变输出三相交流电的相

序，实现电动机反转，从而改变汽车的运行方向。

（4）**制动控制** 驱动电机作为发电机运行将动能转变为电能产生三相交流电，经AC/DC变换器变为直流电反馈回动力蓄电池，进行再生制动。

六、电机的冷却系统

电机作为电动汽车驱动可实现极低排放或零排放。电动汽车电机在驱动与能量回收的工作过程中，电机铁心和绕组都会产生能耗，这些损耗以热量的形式向外发散，因此需要有效的冷却介质及冷却方式来进行散热，保证电机在一个稳定的冷热循环平衡的系统中安全、可靠运行。

1. 驱动电机的冷却方式

驱动电机的冷却方式主要有自然冷却、风冷和水冷三种。

（1）**自然冷却** 自然冷却依靠电机铁心自身的热传递，散去电机产生的热量，如图3-69所示。热量通过封闭的机壳表面传递给周围介质，其散热面积为机壳的表面，为增加散热面积，机壳表面可加冷却筋。

自然冷却结构简单，不需要辅助设施就能实现，但自然冷却效率差，仅适用于小型乘用车和物流车等。

（2）**风冷** 电机自带同轴风扇来形成内风路循环或外风路循环，通过风扇产生足够的风量，带走电机所产生的热量，如图3-70所示。介质为电机周围的空气，空气直接送入电机内，吸收热量后向周围环境排出。

风冷冷却效果好，可使用风冷却器，采用循环空气冷却器避免腐蚀物和磨粒，有利于延长电机的使用寿命；结构相对简单，电机冷却成本较低。但受环境因素的制约，在恶劣的工业环境中，例如高温、风尘、污垢和恶劣的天气下无法使用风冷。风冷一般适用于清洁、无腐蚀和无爆炸环境下的电机。

图3-69 自然冷却交流异步电机

（3）**水冷** 水冷是将冷却液通过管道和通路引入电机的定子或转子空心导体内部，通过循环的冷却液不断地流动，带走电机定子和转子产生的热量，以达到对电机冷却的目的，如图3-71所示。

图3-70 风冷电机

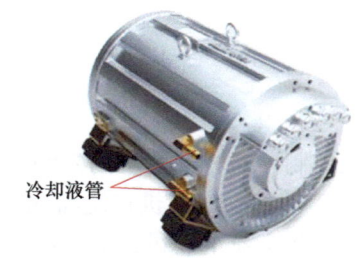

图3-71 水冷电机

水冷的冷却效果比风冷更显著，但是需要良好的机械密封装置。冷却液循环系统结构复杂，存在渗漏隐患，如果发生冷却液渗漏，会造成电机绝缘破坏，可能烧毁电机；水质需要处理，其电导率、硬度和 pH 值都有一定的要求。水冷主要应用于大型机组和高温、风尘、污垢等恶劣的无法使用自然冷却和风冷的场合。

2. 电机水冷系统的组成

电机水冷系统主要由散热器、冷却风扇、散热器溢流管、膨胀水箱和冷却水泵等组成，如图 3-72 所示。

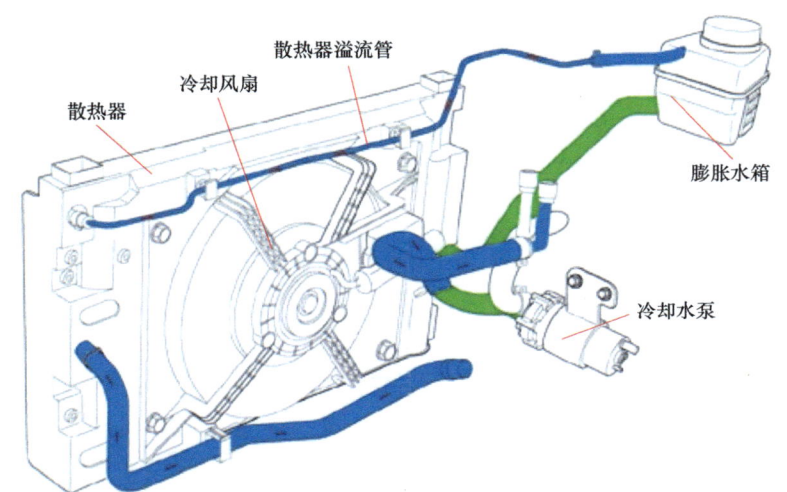

图 3-72 电机水冷系统

电机水冷系统使用电动水泵提高冷却液的压力，强制冷却液在电动水泵、驱动电机、电机控制器和散热器之间循环流动，如图 3-73 所示。驱动电机系统采用强制循环式水冷却，由电动水泵提供循环动力。

电动水泵将储液罐（膨胀水箱）中的冷却液泵入电机控制器，冷却液对电机控制器进行冷却后从出水口流入驱动电机外壳水套，吸收驱动电机的热量后冷却液随之升温，随后冷却液从驱动电机的出水口流出经冷却管路流入散热器，在散热器中冷却液通过流过散热器周围的空气散热而降温，最后冷却液经散热器出水软管返回电动水泵进行往复循环。

（1）散热器 散热器又称为水箱，由上水室、散热器芯和下水室等组成，如图 3-74 所示。其安装在车辆动力舱前的车架横梁上，其作用是将冷却液在水套中所吸收的热量散发至外界大气，使冷却液温度下降。因电机温度一般控制在 90℃ 以下，低于冷却液沸点，所以电动汽车散热器一般不设置散热器盖。

（2）冷却水泵 冷却水泵的作用是对冷却液加压，使之在冷却系统中循环流动。电动汽车上广泛使用离心式无刷电动水泵，如图 3-75 所示。冷却水泵具有结构紧凑、泵水量大、噪声小和重量轻等优点。

电动水泵的电机带动叶轮旋转时，水泵中的冷却液在离心力的作用下，被甩到叶轮外缘，叶轮外缘压力升高，冷却液从出水口甩出，如图 3-76 所示。

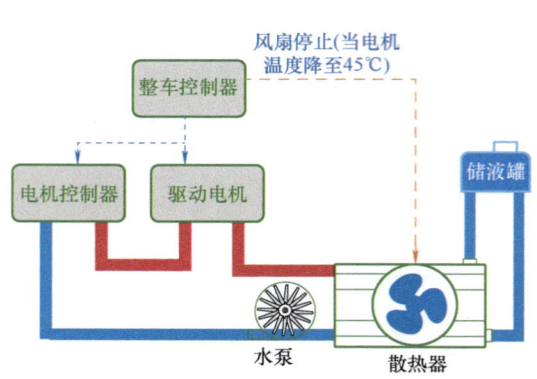

图 3-73 水冷却循环示意图

图 3-74 散热器

图 3-75 电动水泵

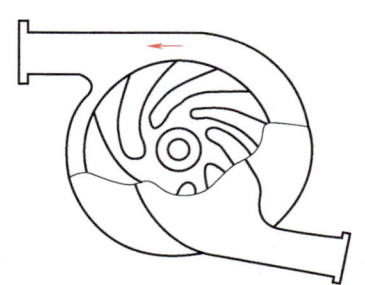

图 3-76 电动水泵的工作原理图

（3）**冷却风扇** 电动汽车的冷却风扇使用电动风扇，如图 3-77 所示。冷却风扇的作用是用来提高散热器芯的空气流速，增强散热器的散热功能，加速冷却液的冷却。电动风扇是由整车控制器控制的，驱动电机和电机控制器的温度都会影响电动风扇的转速。

电机控制器的温度传感器将电机控制器散热基板的温度信号传送给整车控制器，当检测到电机控制器散热基板的温度大于或等于 75℃ 时，整车控制器控制风扇低速旋转；当检测到电机控制器散热基板温度大于或等于 80℃ 时，整车控制器控制风扇高速旋转；当检测到电机控制器散热基板温度降至 75℃ 时，整车控制器控制冷却风扇停止工作。

图 3-77 冷却风扇

（4）**膨胀水箱** 电动汽车膨胀水箱的作用是加注、补水、储水和调压，如图 3-78 所示。

当电动汽车电机水冷系统温度升高时，冷却液势必会发生膨胀，因此水位上升。如果没有膨胀水箱，那么冷却系统的压力就会升高，冷却液就会从缝隙处喷出或者压坏冷却系统零件，使冷却系统失灵。

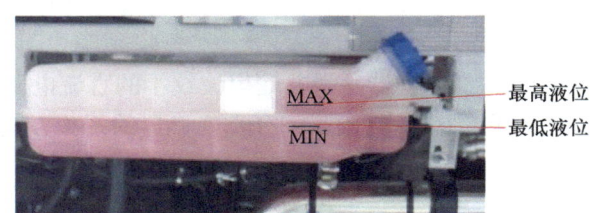

图 3-78　膨胀水箱

不过在有膨胀水箱的情况下，散热器里盛不下的冷却液会回流到膨胀水箱，防止散热器压力过高。膨胀水箱还可以在冷却液液位过低的时候补充，它上面有刻度，用于检查冷却液液位的高低。

七、电力电子技术

1. 电力电子技术的定义

电力电子一般指电力电子技术。电力电子技术是一门新兴的应用于电力领域的电子技术，就是使用电力电子器件（如晶闸管、IGBT 等）对电能进行变换和控制的技术。电力电子技术所变换的"电力"功率可大到数百兆瓦甚至吉瓦，也可以小到数瓦甚至 1W 以下，和以信息处理为主的信息电子技术不同，电力电子技术主要用于电力变换。

2. 电力变换的种类

电力变换的种类有 AC/DC 变换（整流）、DC/AC 变换（逆变）、DC/DC 变换（斩波）和 AC/AC 变换（变频）。

（1）AC/DC 变换（整流）　AC/DC 变换器的作用是将电机回收的交流电变换成可供动力蓄电池充电的直流电。AC/DC 变换有变压器方式和开关方式。

1）变压器方式。普通 AC/DC 变换器的变压器方式电路结构，如图 3-79 所示。

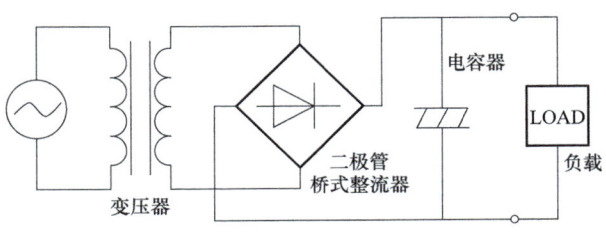

图 3-79　变压器方式的电路结构示例

变压器方式电压波形的变化，如图 3-80 所示。

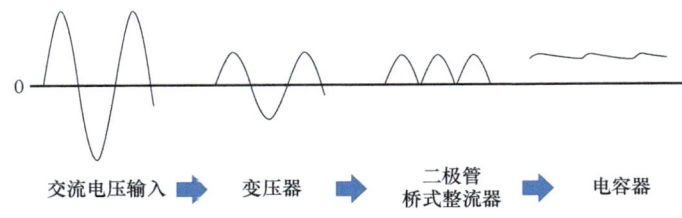

图 3-80　变压器方式电压波形的变化

变压器方式首先需要通过变压器将交流电压降压到适当的交流电压，这属于 AC/AC 变换，降压值由变压器的绕组比设定。

接下来，通过二极管桥式整流器对经过变压器降压的交流电压进行全波整流，变换为脉冲电压。

最后，经电容器平滑并输出波纹小的直流电压，这是最传统的 AC/DC 变换方法。

2）开关方式。普通 AC/DC 变换器的开关方式电路结构，如图 3-81 所示。

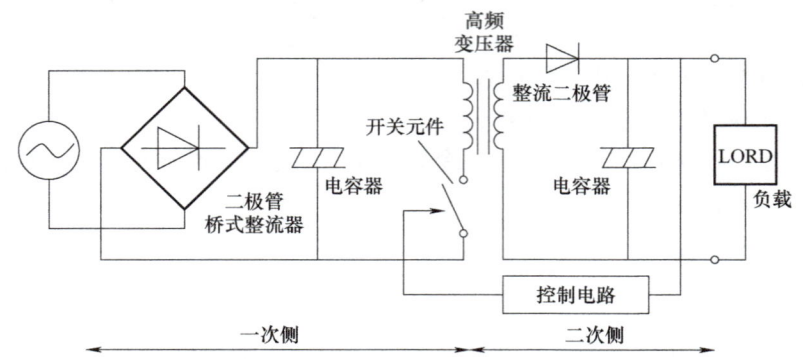

图 3-81　普通 AD/DC 变换器开关方式的电路结构示例

开关方式电压波形的变化，如图 3-82 所示。

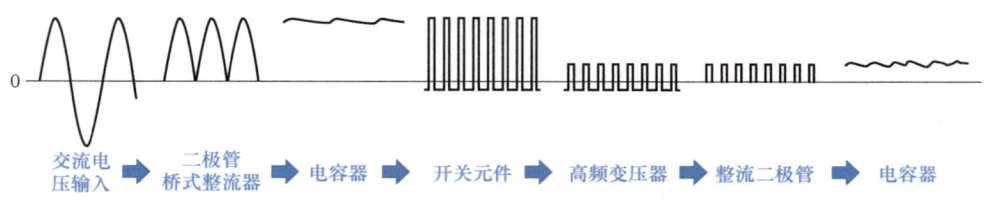

图 3-82　开关方式电压波形的变化

变压器方式是首先通过变压器进行 AC/AC 降压，而开关方式是直接用二极管桥式整流器对交流电压进行整流。

接下来，用电容器平滑直流电压（脉冲电压）。

然后，通过开关元件的 ON/OFF 对直流电压进行斩波（切割），并经过高频变压器降压后传送到二次侧。此时，斩波波形变为方波。

在二次侧利用整流二极管对方波进行半波整流，之后用电容器对其进行平滑，并输出直流电压。

开关方式是利用控制电路控制开关元件，获得稳定的预期的直流输出的方式。

（2）DC/AC 变换（逆变）　DC/AC 变换器（逆变器）的作用是将动力蓄电池的直流电变换成驱动电机转动的交流电。

电动汽车在工作过程中，动力蓄电池输出直流电，并输入给电机控制器，电机控制器将直流电变成交流电，然后输出给电机进而传递给车辆驱动装置。在此过程中，将直流电变成交流电的过程，称为逆变。DC/AC 变换器电路示意图如图 3-83 所示。

典型的逆变电路，如图 3-84 所示。以单相桥式逆变电路为例，$S_1 \sim S_4$ 是桥式电路的 4 个臂，通过改变开关 $S_1 \sim S_4$ 的闭合状态，即可改变负载的电压和电流方向。

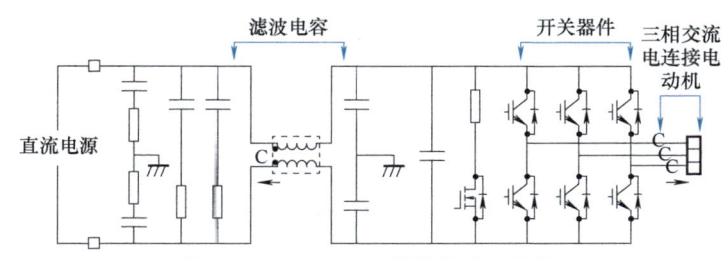

图 3-83　DC/AC 变换器电路示意图

按照一定频率的开启和关闭开关，可以实现负载电压 U_0 由正至负，即电流由直流变为交流。其中，可以使用 IGBT（绝缘栅双极型晶体管）实现开关的开启和关闭功能，使用 PWM（脉冲宽度调制）实现开关频率控制。

PWM 是指通过控制逆变电路中功率开关器件的通断，把直流电变成脉冲信号，变换成交流电，并通过改变单个脉冲的周期和宽度，即可分别调节交流电的频率和电压的一种技术，如图 3-85 所示。

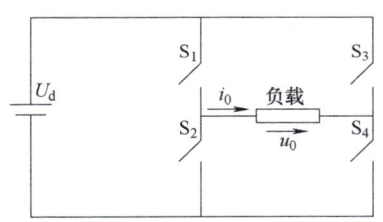

图 3-84　典型的逆变电路

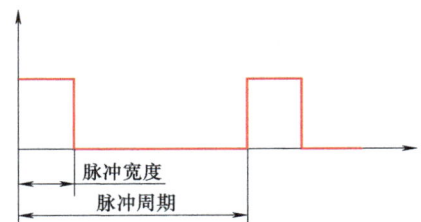

图 3-85　PWM

（3）DC/DC 变换（斩波）　电动汽车上大量的电子元件和控制系统都在使用 12V 或 24V 直流电，所以必须有一种装置能够对辅助蓄电池进行充电，以保证充足的电量供车辆使用，这种装置就是 DC/DC 变换器，又称为直流电源变换模块。DC/DC 变换器的主要作用是将来自动力蓄电池的高压直流电变换为 14V 或 28V 的低压直流电，为车载的辅助蓄电池充电，此功能相当于传统汽车上的交流发电机。

早期的 DC/DC 变换器通常作为一件独立的部件而存在，独立配置，独立安装，所以非常明显，一般很容易就能找到。但随着技术的发展，集成化成为电动汽车电子电气技术发展的一个重要特征。集成化的优点是在实现基本功能的基础上，能同步实现资源共享，并降低总成部件的生产成本，还能节省整车空间，一举多得，如图 3-86 所示。

a）DC/DC 变换器

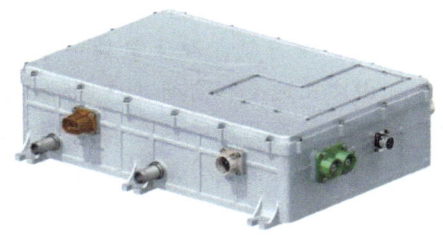

b）DC/DC+OBC+PDU 三合一集成

图 3-86　DC/DC 变换器和三合一集成

DC/DC 变换器从本质上看就是一个电源变换系统，所以可以跟高压分配系统、车载充电机，甚至是电机控制器集成，协同工作。顺理成章就会被集成为一体，安装在同一个设备箱体里面，这就出现了三合一、四合一、多合一的电动汽车电控系统设计生产模式。简单来说，如果找不到独立的 DC/DC 变换器，它可能跟其他部件集成在一起了。只要顺着辅助蓄电池的正极电缆找过去，一定可以找到 DC/DC 变换器。

DC/DC 变换器的工作原理图，如图 3-87 所示。

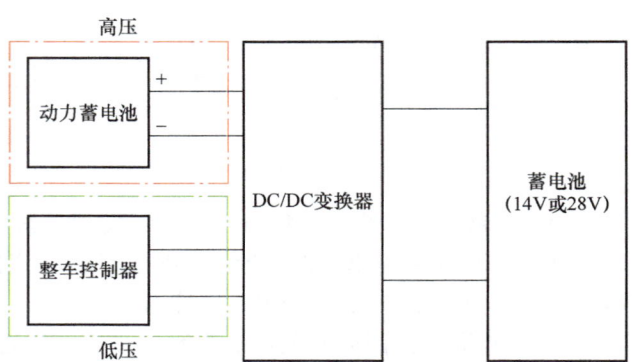

图 3-87　DC/DC 变换器的工作原理图

当电动汽车整车 ON 档上电或充电唤醒上电，动力蓄电池首先开始高压系统预充电流程，被唤醒的整车控制器发送给 DC/DC 变换器使能信号，接到使能信号后，DC/DC 变换器开始启动工作，把动力蓄电池高压直流电进行变压后为辅助蓄电池充电，辅助蓄电池再为车上大量电子元件和控制系统供电。

> **知识窗**
>
> **比亚迪云辇智能车身控制系统**
>
> 2023 年 4 月 10 日晚，比亚迪正式发布智能车身控制系统——云辇。云辇的推出，一方面，是比亚迪继刀片电池、CTB、易四方之后的又一安全技术突破。云辇的诞生，改写了车身控制技术依靠国外的历史，填补了国内的技术空白，实现了从 0~1 的突破。另一方面，云辇超越国外技术水平，一登场就站在了行业领先位置，完成了从 1~2 的提升。
>
> 云辇出自《魏书》，命名灵感源于中国古代的帝王座驾"辇"。"云"象征着以智能化技术创造更轻盈平稳的驾乘体验。源自古代对出行的极致追求，融合当代先进科技，云辇重新定义"中式新豪华"。云辇从整车垂直方向系统化控制出发，实现升维安全。云辇能够有效抑制车身姿态变化，极大降低车辆侧翻风险，减小驾乘人员坐姿位移。同时，云辇系统可以在雪地、泥地和水域等复杂路况下，有效保护车身，避免因地形造成的整车磕碰损伤，提升驾乘舒适及安全性，实现对人和车的双重保护。
>
> 据介绍，云辇系统可实现三轮行驶，即使拿掉一个轮子，车辆依然能保持平稳行驶。云辇智能车身控制系统由比亚迪全栈自研，这也标志着比亚迪成为首个自主掌握智能车身控制系统的中国车企。云辇产品矩阵包含云辇-C、云辇-A、云辇-P 等产品，将从舒适、操控、安全和越野等维度大幅提升消费者的驾乘体验，进一步巩固领先地位。
>
> 作为新能源汽车的领导者，比亚迪始终秉持"技术为王，创新为本"的发展理念，在技术发展的深水区不断创新，推动中国新能源汽车发展向更高层次迈进，用技术创新满足人们对美好生活的向往。

 单元三　网联化与智能化技术

一、智能网联汽车的术语及定义

智能网联汽车包括智能汽车（ICV）和车联网（IOV）两部分，是智能汽车和车联网的融合体，如图 3-88 所示。

智能汽车是指能够自主完成部分驾驶任务或辅助驾驶人更加有效地完成驾驶任务，实现更安全、更高效和更环保行驶的车辆。它包含的含义：汽车上的各类新型传感器通过感知汽车周围环境和自身状态，来取代人类的眼睛、听觉和触觉；智能决策系统通过分析处理这些数据，对电动机执行系统做出决策，来实现车辆的横向、纵向和自身状态的控制；从而部分或者整体性地替代人类驾驶。

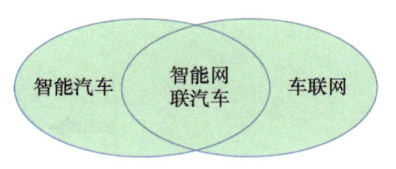

图 3-88　智能网联汽车的含义

车联网是以车内网、车际网和车云网为基础，按照约定的通信协议和数据交换标准，在车与 X（车、路、行人、互联网等）之间进行无线通信和信息交换的大系统网络。

智能网联汽车是指搭载先进的车载传感器、控制器和执行器等装置，并融合现代通信与网络技术，实现车与人、车、路、后台等智能信息交换共享，实现安全、舒适、节能、高效行驶，并最终可替代人来操作的新一代汽车，即可上路安全行驶的无人驾驶汽车，如图 3-89 所示。

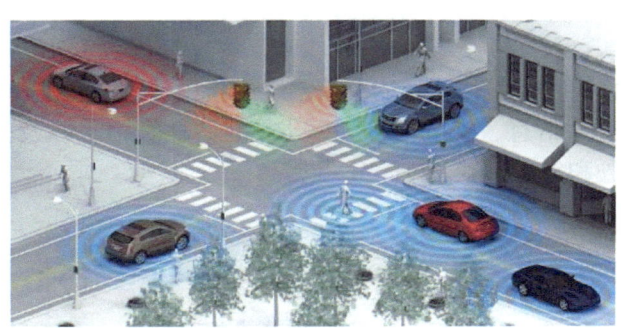

图 3-89　智能网联汽车

二、智能网联汽车的组成

比较传统车辆，智能网联汽车在功能上主要增加了环境感知和定位系统、无线通信系统、车辆自组织网络系统和先进的驾驶辅助系统，这也是智能网联汽车关键技术的体现。

智能网联汽车的智能框图，如图 3-90 所示，它分为环境感知系统、智能决策系统和控制执行系统三大系统。

1. 环境感知系统

环境感知系统相当于人的感官神经，它通过车载环境感知技术（如视觉、雷达、高精

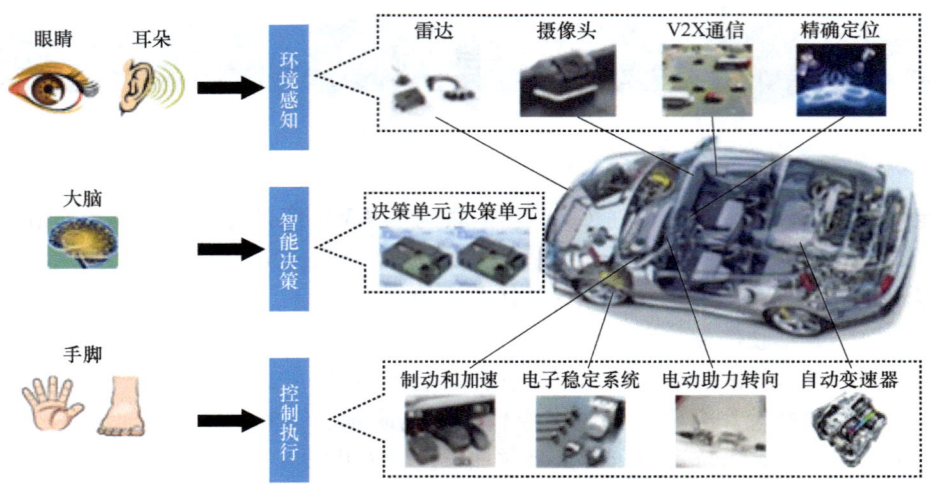

图 3-90 智能网联汽车的智能框图

度定位与导航等)、车内网技术、4G/5G 及 V2X 无线通信技术、卫星定位技术等，实现对车内与车外（如道路、车辆和行人等）静、动态信息的提取和收集，并向智能决策系统输送信息。

2. 智能决策系统

智能决策系统是汽车的"大脑"，智能决策系统的主要功能是接收环境感知系统的信息并进行融合，对道路、车辆、行人、交通标志和交通信号等进行识别，决策分析和判断车辆驾驶模式及将要执行的操作，并向控制执行系统输送指令。

3. 控制执行系统

控制执行系统的主要功能是按照智能决策系统的指令，对车辆进行操作和协同控制，并为联网汽车提供道路交通信息、安全信息、娱乐信息、救援信息以及商务办公、网上消费等，保障汽车安全行驶和舒适驾驶。

知识窗

比亚迪易四方技术

易四方技术平台作为一套以四电机独立驱动为核心的动力系统，从感知、控制和执行三个维度围绕新能源汽车的特性进行了重构。

感知方面，易四方通过轮边电机实现了对车辆运动状态不间断的感知，并结合摄像头、激光雷达、毫米波雷达等智能驾驶传感器，从而为后续的决策和执行环节提供感知数据基础。

在控制环节中，易四方技术平台搭载中央计算平台+域控控制架构的电子电气架构。中央控制器与各域控间通过车载以太网，实时传输感知信息和控制策略，通过控制器及传感器间的协同，实现四电机独立控制。

执行层面，易四方技术平台搭载的四个轮边电机，能够实现四轮独立驱动，并根据驾驶场景的需求，对四个车轮的动力进行独立精准的控制。

> 感知、控制和执行三大环节的重构，使易四方具备了四电机独立控制、极限防滑控制和车身稳定性控制能力。
>
> 源于易四方技术对感知、控制和执行三大环节的重构，搭载易四方技术的仰望 U8 不仅可以应对沙漠冲坡和雪地行驶等极限场景，而且可以通过敏捷转向和原地掉头功能在城市道路表现更加灵活。

三、智能网联汽车的关键技术

智能网联汽车的三大关键技术是环境感知技术、智能决策技术和控制执行技术，在此技术上，V2X、云平台与大数据技术和信息安全技术共同构建了汽车网联化的整体架构；同时，配合高精度地图与定位技术、配套标准与法规以及评价测试技术，共同搭建起了智能网联汽车的三个横向技术层级，而每一个具体技术又包括了车载平台主体和配套基础设施两个方面，这就是智能网联汽车的"三横两纵"技术架构，如图 3-91 所示。

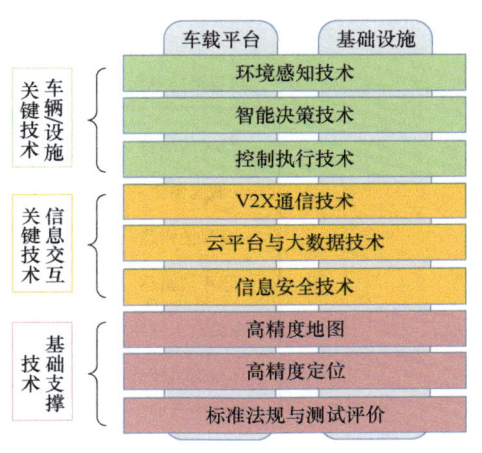

图 3-91 智能网联汽车的"三横两纵"技术架构

1. 环境感知技术

环境感知技术（人的眼睛）是利用车载视觉传感器、激光雷达、毫米波雷达、超声波雷达以及 V2X 通信技术等获取智能网联汽车周围环境信息的技术，如图 3-92 所示。汽车周围环境信息包括车辆、行人、道路和环境等，以上信息经过车载 ECU 处理后传输给车载控制单元，为智能网联汽车的安全行驶提供及时、准确和可靠的决策依据。

图 3-92 环境感知技术

环境感知的对象，如图 3-93 所示。

环境感知的组成，如图 3-94 所示。

2. 智能决策技术

智能决策技术是依据感知信息来进行决策判断，确定适当的工作模型，制订相应的控制策略，替代人类驾驶人做出驾驶决策的技术。智能决策技术的功能是预测和规划，如图 3-95 所示。一方面要进行预测，例如在车道保持、车道偏离预警、车距保持、障碍物警告等系统中，需要预测本车及相遇的其他车辆、车道、行人等在未来一段时间内的状态。另一方面要进行规划，对于周围的车辆或其他障碍物，智能网联汽车需要在给定的约束条件下，规划出一条可以走的路线。

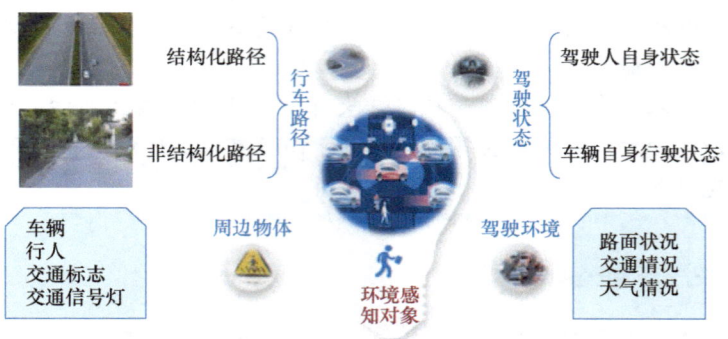

图 3-93 环境感知的对象

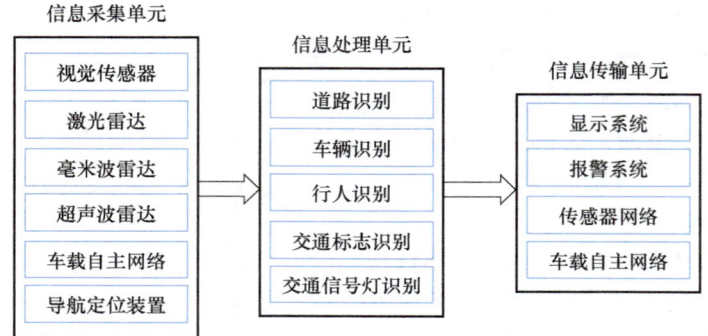

图 3-94 环境感知的组成

a) 预测　　　　　　　　　　　　b) 规划

图 3-95 智能决策技术的功能

智能决策系统的组成，如图 3-96 所示。

3. 控制执行技术

控制执行技术包括对车辆的纵向控制技术和车辆的横向控制技术。

(1) **车辆纵向控制技术**　车辆纵向控制是对车辆前进方向上行驶速度的控制，即车速、本车与前后车或障碍物距离的控制，如图 3-97 所示。车辆纵向控制主要是对车辆驱动控制和制动控制。

(2) **车辆横向控制技术**　车辆横向控制是指垂直于运动方向上的控制，对于车辆也就是转向控制，如图 3-98 所示。车辆横向控制主要是对车辆转向盘角度的调整和轮胎力的控制。

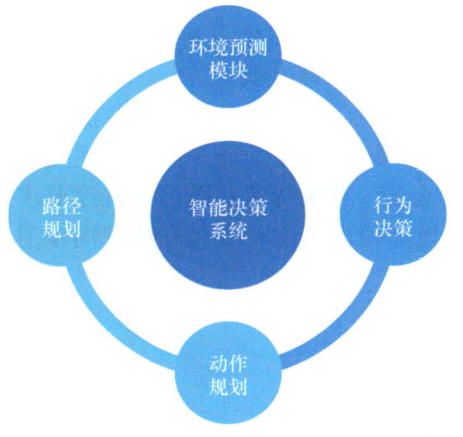

图 3-96 智能决策系统的组成

图 3-97 车辆纵向控制技术

图 3-98 车辆横向控制技术

4. 高精度地图与定位技术

（1）**高精度地图** 高精度地图是指高分辨率地图，通俗来讲就是精度更高、数据维度更多的电子地图。高精度地图以精细化描述道路及其车道线、路沿护栏、交通标志牌和动态信息为主要内容，具有精度高、数据维度多和时效性高等特点。为自动驾驶车辆的定位、规划、决策、控制等应用提供安全保障，是自动驾驶解决方案的核心和基础。精度更高体现在精确到厘米级别，数据维度更多体现在其包括了除道路信息之外的与交通相关的周围静态信息，它是适合高度自动驾驶的地图。高精度地图要在自动驾驶环境中实现它的价值，高精度地图有它特有的地图内容。高精度地图主要由静态数据和动态数据构成，其中，静态数据包括道路层、车道层、交通设施层等图层信息，动态数据包括实时路况层和交通事件层等图层信息。

（2）**高精度定位技术** 导航是通过特定的办法获得目标所在的空间物理位置以及自身速度信息，是一种为运载体航行时提供连续、安全和可靠服务的技术。主流的导航定位手段有卫星导航定位、蜂窝基站定位、室内环境无线定位、光学和视觉定位、惯性导航定位。卫星导航系统是一种天基的无线电导航定位和时间传递系统，能够为地球表面和近地空间的各类用户提供全天候、全天时、高精度的位置、速度和时间等信息服务。完整的卫星导航系统是一个全球性的蓬勃发展的高技术产业，其基本作用是引导飞机、船舰、车辆（总的称作运载体），还有个人安全准确地沿着所选定的路线准时地到达目的地。

具有全球导航定位能力的卫星导航系统称为全球卫星导航系统。现有全球卫星导航定位系统主要有美国的 GPS、俄罗斯的格洛纳斯、欧洲的伽利略和中国的北斗。卫星导航系统的特点有高精度、全天候、高效率、三维定位、多用途、自动化、全球导航。

北斗卫星定位（BDS）是中国自行研制的全球卫星导航系统。北斗导航定位系统服务区广泛应用于中国及周边国家，应用于船舶运输、公路运输、铁路运输、海上作业、渔业生产、水文预报、森林防火、环境监测等行业，以及军事、公安、海关等有特殊指挥调度要求的单位。覆盖范围为东经 70°～140°，北纬 5°～55°。在地球赤道面上配备了两颗地球同步卫星，赤道角约为 60°。

知识窗

北斗精神

2020 年 6 月 23 日，我国北斗三号全球卫星导航系统最后一颗组网卫星在西昌卫星发射中心点火升空。标志着中国成为继美国 GPS、俄罗斯格洛纳斯之后，世界上第三个拥有自主卫星导航系统的国家。

北斗导航卫星系统分为三步走，第一步是覆盖国内，第二步是覆盖亚太，第三步再覆盖全球，这就是北斗一号、北斗二号和北斗三号的由来。北斗卫星导航系统参研参建单位达 400 多家，30 余万名科研人员参与，合奏了一曲大联合、大团结、大协作的交响乐，孕育了"自主创新、开发融合、万众一心、追求卓越"的新时代北斗精神。

巩固与提高

一、填空题

1. 燃油汽车的"三大件"是_____、_____和变速器。
2. 新能源汽车的核心技术是_____、_____、_____和智能网联技术。
3. 动力蓄电池是将_____变换成_____的装置。
4. 新能源汽车使用的蓄电池主要有_____、_____和锂离子蓄电池三种。
5. 新能源汽车锂离子蓄电池又分为_____锂离子蓄电池、_____锂离子蓄电池和_____锂离子蓄电池。
6. 常用的铅酸蓄电池分为_____蓄电池、_____蓄电池和_____蓄电池三大类。
7. 可以通过检测_____，估算出铅酸蓄电池的存电量。
8. 燃料电池不是传统意义上的_____，而是一种_____。
9. 单体电池是直接将_____转化为_____的基本单元装置。
10. 整车控制系统主要由_____系统、_____系统和整车网络控制系统组成。
11. 电动汽车动力蓄电池系统主要包括动力蓄电池_____系统、动力蓄电池_____系统和动力蓄电池_____系统三大部分。
12. 动力蓄电池组的散热方法可分为_____散热、_____散热、固体相变材料散热和热管散热等方式。
13. 电机是_____与_____之间变换装置的通称。
14. 交流电是指电流的_____和_____都随时间进行周期性变化的电流。

15. 新能源汽车上采用的驱动电机主要有_____电机和_____电机两种。
16. 笼型三相交流异步电动机主要由_____、转子、轴承、_____和机壳等组成。
17. 永磁同步电机主要由定子、_____、旋变器总成和端盖等组成。
18. 电机控制器主要起到调节_____，使其满足整车不同运行要求的目的。
19. 驱动电机的冷却方式主要有_____、风冷和_____三种。
20. 电力电子技术是使用电力电子器件对电能进行_____和_____的技术。
21. 电力变换的种类有_____变换、DC/AC 变换、_____变换和 AC/AC 变换。
22. 智能网联汽车是_____和_____的融合体。
23. 智能网联汽车分为_____系统、_____系统和_____系统三大系统。
24. 智能网联汽车的三大关键技术是_____技术、_____技术和_____技术。
25. 控制执行技术包括对车辆的_____技术和车辆的_____技术。

二、单项选择题
1. 电动汽车的能量源是（　　）。
   A. 动力蓄电池　　　　　　　　　B. 动力蓄电池管理系统
   C. 整车控制器　　　　　　　　　D. 车载充电机
2. 决定动力蓄电池充放电电流最大值的是（　　）。
   A. 端电压　　　　　　　　　　　B. 动力蓄电池容量
   C. 动力蓄电池的功率　　　　　　D. 荷电状态
3. 决定电动汽车最大加速性能和爬坡能力的是（　　）。
   A. 放电电流　　　　　　　　　　B. 动力蓄电池容量
   C. 动力蓄电池的功率　　　　　　D. 动力蓄电池能量密度
4. 应用历史最久的电池是（　　）。
   A. 铅酸电池　　B. 镍氢电池　　C. 锂离子蓄电池　　D. 燃料电池
5. 铅酸蓄电池的电解液是（　　）。
   A. KOH 溶液　　B. H_2SO_4 的水溶液　　C. HCl 溶液　　D. NaOH 溶液
6. 镍氢电池的标称电压为（　　）。
   A. 1.2V　　B. 2.0V　　C. 3.2V　　D. 3.7V
7. 比亚迪刀片电池是（　　）。
   A. 镍氢电池　　　　　　　　　　B. 钴酸锂离子蓄电池
   C. 三元锂离子蓄电池　　　　　　D. 磷酸铁锂离子蓄电池
8. 燃料电池专用于（　　）。
   A. 混合动力汽车　　　　　　　　B. 纯电动汽车
   C. 燃料电池汽车　　　　　　　　D. 燃油汽车
9. 动力蓄电池 1P6S 中 P 和 S 的含义是（　　）。
   A. 并联　串联　　B. 串联　并联　　C. 并联　并联　　D. 串联　串联
10. 整车控制系统的核心是（　　）。
    A. 充电系统　　　　　　　　　　B. 电机控制器
    C. 动力蓄电池管理系统　　　　　D. 整车控制器
11. 整车控制器的核心是（　　）。

A. 微控制器 B. 模拟量调理
C. 开关量调理 D. 继电器驱动
12. 三相异步电机属于（　　）。
A. 直流电机　　B. 永磁同步电机　　C. 感应电机　　D. 开关磁阻电机
13. 交流异步电动机产生旋转磁场的结构是（　　）。
A. 定子　　　　B. 转子　　　　　　C. 轴承　　　　D. 端盖
14. 永磁同步电机的工作原理是（　　）。
A. 电磁感应 B. 同性相斥，异性相吸
C. 左手定则 D. 欧姆定律
15. 新能源汽车变向的原理是（　　）。
A. 倒档齿轮　　B. 三相绕组缺相　　C. 三相绕组换相　D. 减速器
16. 不属于智能网联汽车关键技术的是（　　）。
A. 环境感知技术　B. 智能决策技术　　C. 控制执行技术　D. 道路质量
17. 中国的全球卫星导航定位系统是（　　）。
A. GPS 全球卫星导航定位系统 B. 格洛纳斯全球卫星导航定位系统
C. 北斗全球卫星导航定位系统 D. 伽利略全球卫星导航定位系统

三、简答题

1. 简述铅酸蓄电池的特点及应用。
2. 简述镍氢电池的使用与维护。
3. 简述三元锂离子蓄电池的优缺点。
4. 简述磷酸铁锂离子蓄电池的优缺点。
5. 简述动力蓄电池的使用与维护。
6. 简述交流异步电动机的优缺点。
7. 简述永磁同步电动机的优缺点。
8. 简述智能网联汽车的组成。
9. 简述智能网联汽车的关键技术。

四、按要求做题

1. 标出下列通电直导体的磁感线（用"×和·"）
（1） （2）

2. 判定下图中通电螺线管产生的磁场方向（标出 N 极和 S 极）
（1） （2）

3. 标出图中导体感应电流的方向

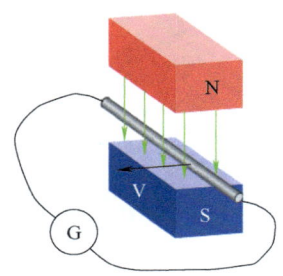

4. 标出载流导体在磁场中的受力方向

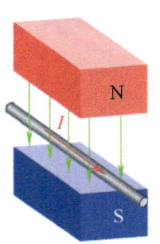

5. 特斯拉 Model S 动力蓄电池包由 6 个单体电池串联构成一个电池模块，74 个电池模块并联构成一个电池模组，16 个电池模组串联构成一个电池组（包），如图所示。已知电芯类型为 1865（3.7V，2.17A·h），试计算该电池包的电芯数量、额定电压和容量。

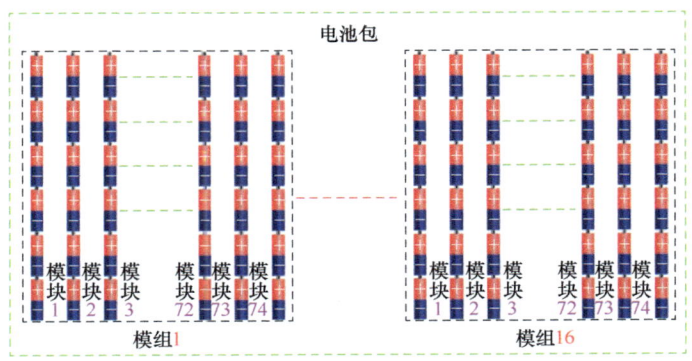

模块四

插电式混合动力
（含增程式）汽车

> 🡆 **学习目标**
>
> 1. 能说出插电式混合动力汽车的类型。
> 2. 能描述插电式混合动力汽车的结构原理。
> 3. 增强科技自信及绿色低碳生活方式的培养。

单元一　插电式混合动力汽车的类型

一、混合动力汽车按电机驱动功率占整车功率的比例分

混合动力汽车按电机驱动功率占整车功率的比例分为微度混合、轻度混合、中度混合、重度混合和插电式混合五种。不同混合类型及功能见表 4-1。

表 4-1　不同混合类型及功能

类型	功能要求
微度混合	发动机自动起停
轻度混合	发动机自动起停+回馈自动
中度混合	发动机自动起停+回馈自动+电动辅助
重度混合	发动机自动起停+回馈自动+电动辅助+纯电驱动
插电式混合（含增程式）	发动机自动起停+回馈自动+电动辅助+纯电驱动+电网充电

1. 微度混合动力系统

微度混合动力系统对传统发动机的起动机进行了改造，形成由带传动的发电起动一体式电机（BSG），如图 4-1 所示。该电机用来控制发动机快速起停，因此可以取消发动机的怠速过程，降低了油耗和排放。微度混合动力系统搭载的电机功率比较小，仅靠电机无法使车辆起步，起步过程仍需发动机介入，是一种初级的混合动力系统。在微度混合动力系统里，电机的电压通常有 12V 和 42V 两种，其中，42V 主要用于柴油混合动力系统。在城市循环工况下节油率一般为 5%～10%。

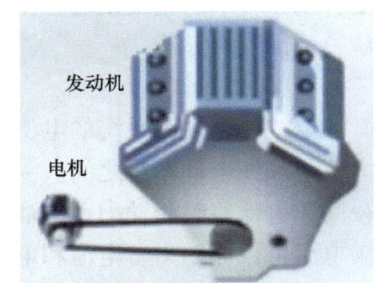

图 4-1　微度混合动力系统

2. 轻度混合动力系统

轻度混合动力系统采用了起动发电一体机（ISG）。与微度混合动力系统相比，轻度混合动力系统除了能够实现用电机控制发动机的起停外，还能够在电动汽车制动和下坡工况下，实现对部分能量进行回收。在行驶过程中，发动机的动力可以在车轮的驱动需求和发电机发电需求之间进行调节。轻度混合动力系统的混合度一般在 20% 以下，代表车型是通用汽车公司的混合动力皮卡，如图 4-2 所示。

3. 中度混合动力系统

中度混合动力系统同样采用了起动发电一体机系统。与轻度混合动力系统的不同之处在于，中度混合动力系统采用的是高压电机，在汽车加速或者大负荷工况时，电机能够辅助发动机驱动车辆，补充发动机本身动力输出的不足，提高整车性能。这种系统的混合程度较高，可以达到 30% 左右，在城市循环工况下节油率可以达到 20%～30%，目前，技术比较成

熟，应用广泛。本田汽车公司旗下的 Insight、Accord 和 Civic 混合动力汽车都属于这类系统，如图 4-3 所示。

图 4-2　通用混合动力皮卡

图 4-3　Insight 混合动力汽车

4. 重度混合动力系统

重度混合动力系统采用了 272~650V 的高压电机，混合度可以达到 50%左右，在城市循环工况下节油率可以达到 30%~50%。其特点是动力系统以发动机为基础动力，动力蓄电池为辅助动力。采用的电机功率更为强大，完全可以满足车辆在起步和低速时的动力要求。因此，重度混合车型无论是在起步还是低速行驶状态下都不需要起动发动机，依靠电机可以完全胜任，在低速时就像纯电动汽车。在急加速和爬坡运行工况下车辆需要较大的驱动力时，电机和发动机同时对车辆提供动力。随着电机和电池技术的进步，重度混合动力系统逐渐成为混合动力技术的主要发展方向。丰田普锐斯前三代混合动力汽车采用的就是重度混合动力系统，如图 4-4 所示。

5. 插电式混合动力系统

插电式混合动力系统的电机功率比纯电动汽车的稍小，动力蓄电池的容量介于重度混合动力系统和纯电动车辆之间。一般插电式混合动力系统都有车载充电机，可以使用家用电源在夜间用电低谷时为动力蓄电池充电，有效平稳电网波动，也可以利用外接充电机充电。在充满电后可仅凭动力蓄电池和电机驱动汽车以纯电模式行驶，在电量不足的时候，切换至混合动力系统模式工作，延长续驶里程。该系统是目前有发展前景的一种驱动系统，比亚迪秦就是一款比较成熟的插电式混合动力系统，如图 4-5 所示。

图 4-4　丰田普锐斯第三代混合动力汽车

图 4-5　比亚迪秦

二、混合动力汽车按电机的位置分

混合动力汽车按电机的位置分为 P0、P1、P2、P3、P4 和 PS 六种不同的混动架构，如图 4-6 所示。

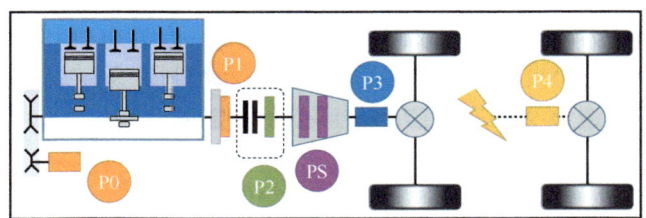

图 4-6　混合动力汽车按电机的位置分

P0：位于发动机前端的传动带上。
P1：位于发动机的曲轴上。
P2：位于发动机与变速器中间靠变速器一侧，与发动机间有离合器。
P3：位于变速器输出端。
P4：位于另一轴上（如果发动机驱动前轴，则电机在后轴，反之亦然）。
PS：位于变速器内部。

当前，主流混合动力汽车一般采用双电机方案，如长城的柠檬混动采用 P1+P3 方案。

三、插电式混合动力汽车按系统的结构分

插电式混合动力汽车按系统的结构分为串联式、并联式和混联式三种。

1. 串联式插电混合动力汽车

串联式插电混合动力汽车，也称为增程式汽车。增程式汽车是以电能为主要驱动能源、发动机为辅助动力源，兼有外接电源充电和车载自供电功能，是一种特殊的混合动力汽车。发动机不直接驱动汽车，需要先由发动机驱动发电机来发电，再供电动机来驱动汽车，能量传递链较长，总体效率不高。增程式汽车的发动机只能为车辆发电，不直接驱动车辆，代表车型有宝马 i3 增程式，如图 4-7 所示。

图 4-7　宝马 i3 增程式汽车

2. 并联式插电混合动力汽车

并联式插电混合动力汽车的发动机和电机均可驱动汽车，动力传动模式较多，动力性较好，结构简单，应用广泛，是主流的技术路线。代表车型有比亚迪唐 DM，如图 4-8 所示。

3. 混联式插电混合动力汽车

混联式又可称为动力分流式。一般需要两台电机（一台发电机和一台电动机），同时需要一套用于动力分流的行星齿轮装置。该类型的结构和控制最为复杂。目前，只有非常少数的制造商具备生产和制造该类型产品能力，且存在一定的专利壁垒。代表车型有丰田普锐斯，如图 4-9 所示。

图 4-8　比亚迪唐 DM

图 4-9　丰田普锐斯

> **知识窗**
>
> ### 双模电动汽车
>
> 双模电动汽车指的是搭载比亚迪双模技术的插电式混合动力汽车。双模技术即 DM（Dual Mode）技术，是比亚迪插电式混合动力技术的简称。
>
> 2008 年，比亚迪推出 DM 1.0，搭载于 F3 DM 车型，在国内引起巨大反响。DM 1.0 采用 DHT（混动专用变速器）插电混动架构，是典型的 P1+P3 双电机方案。
>
> 2013 年，比亚迪发布第二代双模技术，搭载于秦 DM、宋 DM、唐 DM 双模车型，助力比亚迪双模车销量再攀高峰，2016 年市场占有量达 64.7%。
>
> DM 2.0 技术基于多速 DCT（双离合自动变速器）打造的并联结构，属于 P3 单电机方案。实现了全时电四驱、百公里加速 5s 以内、油耗低于 2L 等性能指标，开启了比亚迪的"542"时代。
>
> 2018 年，全新升级第三代双模技术，搭载于秦 Pro DM、宋 Pro DM、宋 Max DM、全新一代唐 DM 车型，为用户带来更为极致的用车体验。目前，全球装机量超 30 万，是最成熟的插电式混合动力技术。
>
> 在纯电动模式下，F3DM 双模电动车排放为零，在混合动力模式下，其排放优于欧 Ⅳ 标准。F3DM 双模电动车的上市及普及，一方面能够有效减轻汽车对石油资源的依赖，另一方面，为缓解全球气候恶化做出贡献。

单元二　插电式混合动力汽车的结构与原理

一、插电式混合动力汽车的特点

1. 插电式混合动力汽车的优点

插电式混合动力汽车是介于纯电动汽车与燃油汽车两者之间的一种新能源汽车，它综合了纯电动汽车和混合动力汽车的优点，既可实现纯电动、零排放行驶，也能通过混动模式增加车辆的续驶里程。插电式混合动力汽车的优点如下：

1) 插电式混合动力汽车在纯电动模式下运行时零排放。
2) 与传统的汽油车和柴油车相比，它们产生的碳排放量更少。
3) 插电式混合动力汽车在低速行驶时很省油。
4) 短距离行驶，运行成本很低。
5) 没有里程焦虑。

2. 插电式混合动力汽车的缺点

1) 与传统燃油汽车和标准混合动力汽车相比，插电式混合动力汽车价格昂贵。
2) 在长途公路旅行中，燃油效率与传统燃油汽车大致相同。
3) 纯电动性能可能会随着动力蓄电池寿命的恶化而受到打击。
4) 动力蓄电池充电需要几个小时，具体取决于充电机的类型。
5) 电动动力系统的维修成本高。

二、插电式混合动力汽车的结构与原理

插电式混合动力汽车有充电接口，能源由动力蓄电池和燃油（汽油或柴油）提供，动力由发动机和电动机提供。不同的汽车厂商对于动力蓄电池的容量、电机的数量、电机的功率配置有较大差异，也形成了不同的整车风格和特点。

1. 串联式插电混合动力汽车（增程式）

增程式混合动力汽车（EREV）是利用发动机进行发电、电动机进行驱动的车辆，如图 4-10 所示，它由燃油箱、发动机、发电机、动力蓄电池、功率变换器、电动机和传动装置等组成，它们之间采用串联的方式组成汽车的动力系统。当动力蓄电池电量充足时，采用纯电动模式行驶，而当电量不足时，车内发动机起动，带动发电机为动力蓄电池充电，提供电动机运行的电力（即增程模式）。由于具有外接充电的优势，增程式混合动力汽车的纯电续驶里程也较长，如 i3 纯电版续驶里程 160km，而 i3 增程版可达 300km 左右。

增程式混合动力汽车的工作模式如下：

1) 外接充电模式。在停车的时候给动力蓄电池充电。
2) 纯电动模式。发动机关闭，车辆驱动能量完全来自动力蓄电池。该模式主要用于车辆低速行驶和倒车工况。
3) 增程式。当动力蓄电池荷电状态小于目标 SOC 值后，动力蓄电池不再向电动机提供电能。此时，发动机/发电机起动，将燃料的化学能转化为电能，为电动机提供电能并驱动

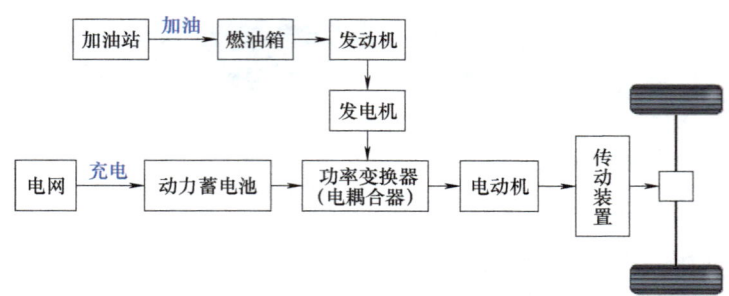

图 4-10 增程式混合动力汽车动力系统流程示意图

车辆前进。此时,动力蓄电池一直处在不工作状态。

4)混合动力模式。来自发动机的机械能由发电机转化成电能后,由电机控制器分配能量,一部分输送给电动机用于驱动车辆,另一部分给动力蓄电池充电,该模式主要用于车辆低负荷行驶且动力蓄电池 SOC 较低的工况。

5)能量回收模式。发动机关闭,电机以发电机的形式工作,把来自车轮的动能转化为电能,通过电机控制器给动力蓄电池充电。该模式主要用于车辆制动和下坡工况。

在增程模式下,发动机工作在高效转区,其安静程度比普通汽车更好,电机的低转高扭特性也使车辆的起步和加速性能较好。但是,由于发动机不能协同电动机一起驱动汽车,增程式混合动力汽车在高速上的动力表现性能远不及并联式插电混合动力汽车,仅有起步和加速上的优势而已。

荣威 e550 增程式混合动力汽车(2016 款尊享版)主要参数,见表 4-2。

表 4-2 荣威 e550 增程式混合动力汽车(2016 款尊享版)主要参数

中文名	荣威 e550	油耗	1.6L/100km
所属品牌	e 系列	油箱容积	31L
制动方式	通风盘式	发动机类型	直列 4 缸,1.5L 自然吸气,多点电喷
生产厂商	上海汽车集团股份有限公司	标准座位数	5 个
整备质量	1699kg	最高时速	200km/h
参考价格	23.98 万~25.98 万元	轮胎规格	215/55 R16
轴距	2705mm	加速时间	9.5s(0~100km/h)
车型尺寸	4648mm×1827mm×1479mm	驱动方式	前置前驱
行李舱容积	395L	变速器	2 档 AT
电动机最大功率	44kW	电动机最大转矩	317N·m
电池容量	11.8kW·h	电池类型	磷酸铁锂离子蓄电池

2. 并联式插电混合动力汽车

并联式插电混合动力汽车是由发动机和电动机可共同或分别独立驱动的汽车,如图 4-11 所示。它由燃油箱、发动机、机械耦合器、传动装置、电动机/发电机、功率变换器和动力蓄电池等组成，发动机和电动机通过机械耦合器同时与驱动桥直接相连接。

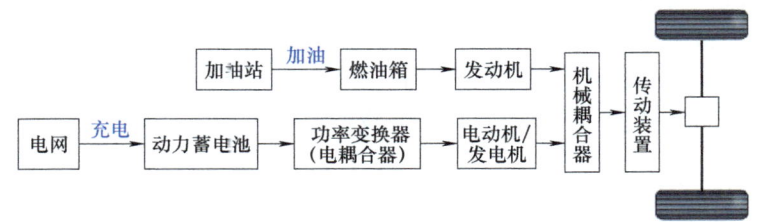

图 4-11　并联式插电混合动力汽车动力系统流程示意图

并联式插电混合动力汽车的工作模式如下：

1) 外接充电模式。在停车的时候给动力蓄电池充电。

2) 单电机驱动模式。当动力蓄电池 SOC 较大且汽车需求功率较小时，车辆由动力蓄电池单独提供电能，驱动电动机驱动汽车。此时，发动机处于关闭状态。

3) 单发动机驱动模式。当动力蓄电池 SOC 下降到一定目标值且车辆需求功率不大时，车辆由发动机单独驱动。此时，电机处于关闭状态。

4) 混合驱动模式。当车辆需求功率较大，发动机或电机单独驱动无法满足车辆需求功率时，车辆由发动机和电机共同牵引驱动。

5) 行车充电模式。当发动机提供的功率大于驱动车辆所需的功率时，一部分功率直接驱动车辆，另一部分供给电机使其工作在发电机状态，将多余的功率给动力蓄电池充电。

6) 能量回收模式。在汽车制动或下坡的时候，将一部分制动能量转化为电能并储存在动力蓄电池中，此时电机充当发电机使用。

并联式插电混合动力汽车的电动机可以用来平衡发动机所受的载荷，使其能在高效率区域工作，因为发动机通常工作在满负荷（中等转速）下，燃油经济性好。汽车需要大功率时，发动机和电动机可同时输出动力。

比亚迪唐 DM-i（2023 款冠军版）就采用了并联式驱动模式，其主要参数见表 4-3。

表 4-3　比亚迪唐 DM-i 汽车（2023 款冠军版）主要参数

中文名	比亚迪唐 DM-i	WLTC 综合油耗	1.27L/100km
所属品牌	比亚迪	油箱容积	53L
轮胎规格	255/50 R20	电动机最大功率	160kW
生产厂商	比亚迪股份有限公司	电动机最大转矩	325N·m
整备质量	2153kg	标准座位数	7 个
参考价格	20.98 万元	最高时速	180km/h
轴距	2820mm	加速时间	4.3s（0~50km/h）
车型尺寸	4870mm×1950mm×1725mm	驱动方式	前置前驱
发动机型号	BYD476ZQC	变速器	E-CVT

3. 混联式插电混合动力汽车

混联式插电混合动力汽车动力系统由燃油箱、发动机、机械耦合器、发电机、功率变换器、电动机和动力蓄电池等组成，如图 4-12 所示。发动机的动力经过动力分配机构后分成两部分：一部分直接驱动车辆，形成机械传输通道；另一部分带动发电机发电，所产生的电能通过逆变器提供给电机驱动车辆，形成电力传输通道。

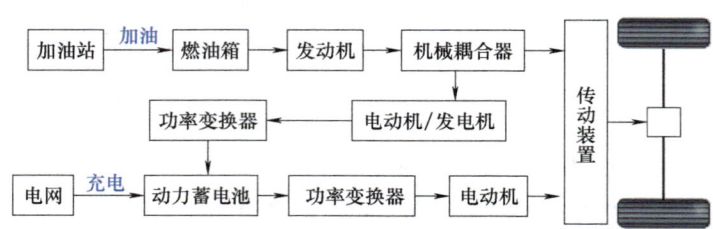

图 4-12　混联式插电混合动力汽车动力系统流程示意图

在汽车低速行驶时，驱动系统主要以串联的方式工作；当汽车高速稳定行驶时，驱动系统则以并联工作方式为主。

混联式插电混合动力汽车动力系统具有串联式和并联式混合动力系统的优点，无论汽车的运行工况多么复杂和多变，都能使动力系统工作在最优状态，实现较好的燃油经济性和排放性，但控制系统最为复杂。2021 款一汽丰田-RAV4 荣放就采用了混联的驱动模式，其参数见表 4-4。

表 4-4　一汽丰田-RAV4 荣放汽车（2021 款）参数

中文名	一汽丰田-RAV4 荣放	电机类型	永磁/同步
参考价格	29.68 万元	电动机总功率	174kW
生产厂商	一汽丰田	电动机最大转矩	391N·m
发动机	2.5L 180 马力 L4	最高车速	180km/h
电池类型	三元锂离子蓄电池	座位数	5 个
轮胎规格	235/55 R19	续驶范围	700~900km
制动器类型	前通风盘式　后盘式	驱动方式	前置四驱
轴距	2690mm	变速器	E-CVT 无级变速器
车型尺寸	4600mm×1855mm×1685mm	加速时间	7.4s（0~100km/h）
油箱容积	55L	整备质量	1990kg

三、插电式混合动力汽车的典型结构

插电式混合动力汽车的典型结构，如图 4-13 所示。插电式混合动力汽车的结构较为复杂，它具有燃油汽车与纯电动汽车的双重部件：既有传统汽车的发动机、变速器、传动系统、油路和油箱；也有纯电动汽车的动力蓄电池、电动机、控制电路，而且动力蓄电池容量

比较大，有充电接口。

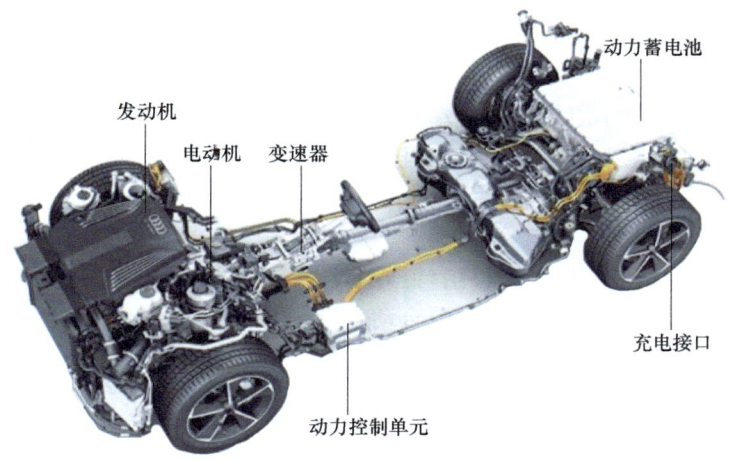

图 4-13 插电式混合动力汽车的典型结构

插电式混合动力汽车的关键零部件如下：

1. 电动机

电动机是电动动力总成的重要组成部分，它以纯电动模式推动车辆或与发动机协同工作，电动机从动力蓄电池或发动机获取电力。

2. 发动机

发动机在动力蓄电池电量耗尽时推动车辆行驶，还可以为某些车辆的电动机供电或为动力蓄电池充电。发动机广泛采用四冲程汽油机和四冲程柴油机，如图 4-14 所示。当前主流当量混合动力发动机的最高热效率已达到 43%，通过更多技术组合研发，未来混动专用发动机热效率可突破 45% 以上，最高将达到 50%。

3. 蓄电池

插电式混合动力汽车蓄电池有动力蓄电池和辅助蓄电池两种。动力蓄电池为电动机供电，辅助蓄电池为汽车的其他电气部件供电。动力蓄电池可以通过将其连接到外部电源来充电。

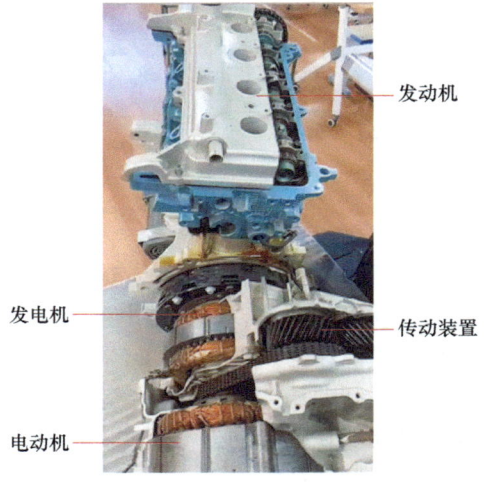

图 4-14 插电式混合动力汽车部分零部件

4. 发电机

发电机在发动机的帮助下发电。一些电动机还充当发电机，将车辆在制动或下坡时车轮的动能转化为电能，用于给动力蓄电池充电。

5. 变速器

插电式混合动力汽车也使用传统变速器。

6. 车载充电机

车载充电机将交流电变换为直流电，为动力蓄电池充电，它还监控各种参数，例如电池电压、温度和充电状态等。

7. 充电接口

充电接口允许动力蓄电池通过电缆连接到外部电源进行充电。

8. 动力控制单元

动力控制单元的主要作用是汽车起动时的"电机驱动控制",汽车减速时的"能量回收控制",进行充电时的"发电控制",系统电压升降时的"整车控制器控制"等功能。

四、电液复合制动技术

电液复合制动技术是在保证汽车具有良好制动性能的前提下,电液复合制动可以尽可能地回收制动能量,以提高能源效率,在混合动力车辆上得到了广泛应用,如图 4-15 所示。

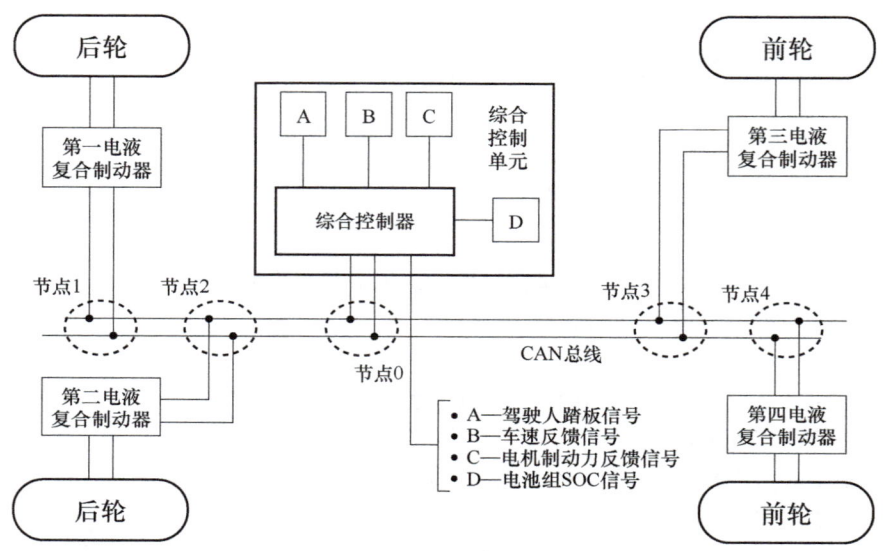

图 4-15 电液复合制动

1. 混合动力汽车的制动特点

混合动力汽车将以动力蓄电池、电机为核心的电力驱动系统引入传统汽车中,电机在车辆制动时可以作为发电机使用,将车辆的制动能量转变为电能回收储存在动力蓄电池内,即具有电回馈制动功能。这样混合动力汽车就可以对汽车的制动能量进行回收,从而提高整车的经济性能。在混合动力汽车中,起制动作用的有电回馈制动和机械制动两套系统,从而形成机电复合制动系统。

2. 电机制动能量回馈的基本情况

汽车制动能量的回馈受到车辆速度、电机特性、动力蓄电池 SOC 等影响,电回馈制动力的大小受到电机外特性、动力蓄电池最大充电电流和 SOC 的限制。车辆在进行电回馈制动时,需要对电池 SOC 进行实时检测,如果 SOC 超过工作范围上限,则不再进行制动能量回收。回馈电流过高时可能会引起动力蓄电池的损坏,就一般情况而言,电机外特性中的峰值功率依据动力蓄电池的最大放电功率设计,大于动力蓄电池的最大充电功率,所以最大充电回馈制动功率一般设置为动力蓄电池的最大充电功率。

在汽车电回馈制动过程中，由于受到动力蓄电池最大充电功率的限制，电机可以提供的制动功率是有限的，因此只有在驾驶人抬起加速踏板或轻微踩下制动踏板时才以电回馈制动为主。在汽车制动强度很大时，瞬间要求的车辆制动功率远大于电回馈制动功率，此时必须同时施加机械制动，形成复合制动过程。在一定制动强度的要求下，控制策略合理地分配机械制动力和电回馈制动力之间的比例，在保证车辆制动性能的前提下实现最大制动能量回收。

3. 不同减速工况下的制动能量回收

传统燃油汽车制动消耗的能量接近车辆滚动阻力耗能与空气阻力耗能之和，而汽车在起停频繁的市区运行，车辆的大部分动能都会消耗在制动过程中，因此回收汽车制动能量意义重大。

在汽车缓减速或下坡工况下，传统的燃油汽车一般以两种方式消耗车辆的动能：一是车轮通过传动系统反拖发动机运转，依靠活塞压缩气体形成发动机制动；二是通过制动器的轻微摩擦形成制动。对于一些大型车辆，还有其他制动方式，如重型货车常采用关闭排气管形成排气制动的方式，而大客车常采用电涡流制动方式。这些制动方式都有一个共同的特点，就是把车辆的机械能变为热能散发掉，而不能实现能量回收利用。由于混合动力系统本身具备了机电变换装置和能量储存装置，因此制动能量的回收能够非常方便地实现。只要在汽车减速时解除车轮与发动机间的刚性连接，由车轮驱动电机发电，即可回收汽车减速能量。需要说明的是，尽管汽车缓减速或者下坡的制动强度不大，但由于制动时间相对较长，同时可以完全依靠电回馈制动，因此能够回收的能量较大。

汽车紧急制动工况下，在满足动力蓄电池最大充电功率的前提下，电回馈制动系统尽可能多地回收制动能量，制动强度不足部分由机械制动系统完成。在这种工况下，车速下降较快，电机回馈的制动能量所占比例不大，但也能收回一部分车辆动能。

依据车辆制动强度，优先使用电回馈制动可以大幅度地提高整车经济性。据有关研究显示，在起停频繁的市区运行，通过车辆减速能量的回收，可实现节油10%～15%。

目前，绝大多数复合制动系统采用阀控液压制动力控制系统，液压泵的输出压力可以达到20MPa以上。难点之一是由于制动所需的液体量很小，因此要求系统的各控制阀有极高的动态性能；难点之二是高效率、高性能的复合制动控制策略。复合制动如果尽可能地回收能量，则必须最大限度地发挥电机和动力蓄电池系统的能力，然而此能力随着车辆状态的变化而不断改变。因此，如何在保证最大电回馈制动能力的同时，精确地协调控制液压制动力，使车辆制动过程平滑，是系统控制的难点。

巩固与提高

一、填空题

1. 混合动力汽车按电机驱动功率占整车功率的比例分为_____混合、_____混合、_____混合、_____混合和_____混合五种。
2. 插电式混合动力汽车按系统的结构分为_____、_____和_____三种。
3. 增程式汽车的发动机只能为_____，不直接_____。
4. 混联式插电混合动力汽车一般需要两台电机：一台_____和一台_____。

5. 增程式混合动力汽车是利用_____进行发电、_____进行驱动的车辆。
6. 并联式插电混合动力汽车是由发动机和电动机可_____或_____驱动的汽车。

二、单项选择题

1. 未实现零排放的汽车是（　　）。
   A. 插电式混合动力汽车　　　　　　B. 纯电动汽车
   C. 氢燃料电池电动汽车　　　　　　D. 太阳能汽车
2. 长城柠檬混动采用（　　）。
   A. P1 架构　　　　　　　　　　　B. P1+P4 方案
   C. P2+P4 方案　　　　　　　　　 D. P1+P3 方案
3. 比亚迪双模电动汽车是（　　）。
   A. 燃油汽车　　　　　　　　　　　B. 插电式混合动力汽车
   C. 纯电动汽车　　　　　　　　　　D. 燃料电池汽车
4. 增程式混合动力汽车是（　　）。
   A. 混联式插电混合动力汽车　　　　B. 并联式插电混合动力汽车
   C. 串联式插电混合动力汽车　　　　D. 非插电式混合动力汽车
5. 串联式插电混合动力汽车的驱动模式是（　　）。
   A. 燃油模式　　　　　　　　　　　B. 纯电模式
   C. 先燃油后纯电　　　　　　　　　D. 混动模式

三、简答题

1. 简述插电式混合动力汽车的特点。
2. 简述插电式混合动力汽车的关键零部件有哪些。

模块五

纯电动汽车

> 🟢 **学习目标**
>
> 1. 能说出纯电动汽车的类型。
> 2. 能描述纯电动汽车的结构与原理。
> 3. 培养学生精益求精的工匠精神和创新精神。

 单元一　　纯电动汽车的类型

一、纯电动汽车按用途分

纯电动汽车按用途分为纯电动轿车、纯电动货车和纯电动客车三种。

1. 纯电动轿车

纯电动轿车是目前最常见的纯电动汽车，如图 5-1 所示。从外形上看，纯电动轿车与燃油轿车并没有什么区别，但当打开纯电动轿车的动力舱时，映入眼帘的是整车的控制装置，如图 5-2 所示。

图 5-1　长安纯电动轿车

图 5-2　纯电动轿车的控制装置

2. 纯电动货车

纯电动货车，如图 5-3 所示。与燃油货车外形相同，采用的是轻型货车的外形，车头为单箱式平头形。

3. 纯电动客车

纯电动客车，如图 5-4 所示。在一些城市的公交线路以及世博会、国际的运动会上，已经有了良好的表现。

图 5-3　东风纯电动货车

图 5-4　恒通纯电动客车

> **知识窗**
>
> ### 比亚迪汽车
>
> 比亚迪品牌诞生于深圳，于1995年成立，业务横跨汽车、轨道交通、新能源和电子四大产业。
>
> 2003年成长为全球第二大充电电池生产商，同年组建比亚迪汽车，比亚迪汽车遵循自主研发、自主生产、自主品牌的发展路线，产品的设计既汲取国际潮流的先进理念，又符合中国文化的审美观念。比亚迪始终坚持"技术为王，创新为本"的发展理念，凭借研发实力和创新的发展模式，获得了全面的发展。
>
> 2022年上半年，比亚迪超越特斯拉成为全球新能源车销售冠军，比亚迪成为首个跻身万亿市值俱乐部的汽车自主品牌。

二、纯电动汽车按动力蓄电池电压高低分

纯电动汽车按动力蓄电池电压高低分为低压纯电动汽车和高压纯电动汽车两种。低压纯电动汽车的动力蓄电池电压在72V以下并能驱动车辆行驶，如图5-5所示。高压纯电动汽车的动力蓄电池电压在72V以上并能驱动车辆行驶，如图5-6所示。

图5-5 法雷奥全新48V低压纯电动汽车

图5-6 比亚迪e5（633.6V）高压纯电动汽车

三、纯电动汽车按动力蓄电池使用的电池类型分

纯电动汽车按动力蓄电池使用的电池类型分为铅酸蓄电池纯电动汽车、镍氢电池纯电动汽车和锂离子蓄电池纯电动汽车三种。

四、纯电动汽车按车载电源数目分

纯电动汽车按车载电源数目分为单电源纯电动汽车和多电源纯电动汽车两种。

1. 单电源纯电动汽车

单电源纯电动汽车驱动系统由动力蓄电池、控制器和电驱动装置等组成，动力蓄电池作为唯一的能量源，在汽车正常行驶时，驾驶人操作加速踏板，控制器根据整车的控制算法得出驱动电机的需求功率，从而使动力蓄电池提供相应的功率，以满足行驶需求。在制动时，

驾驶人操作制动踏板，电机处于发电状态，动力蓄电池回收制动能量。

单电源纯电动汽车的结构及控制系统比较简单，维护和使用成本较低，能够实现零排放。动力蓄电池不能接收大电流充放电，能量回收的效率较低，充电时间长、续驶里程短，动力蓄电池的能量密度、功率密度相对较低，致使纯电动汽车不能满足各种行驶工况。单电源纯电动汽车主要用于城市内上下班及城市家庭用车等短距离的情况。

要使纯电动汽车满足人们对续驶里程的要求，动力蓄电池需要的质量和体积都很大，所以动力蓄电池的布置也是一个影响纯电动汽车性能发挥的重要因素。

因为汽车前舱正碰时变形过大，存在安全隐患，所以底盘成为动力蓄电池的主要布置区域，动力蓄电池一般布置在 A、B、C 和 D 四个区域，如图 5-7 所示。考虑驾驶舱和行李舱的有效空间、整车质心和前后桥轴荷分配，同时需要考虑动力蓄电池包结构条件、内部电气部件的工作条件及布置区域间的相互连接。

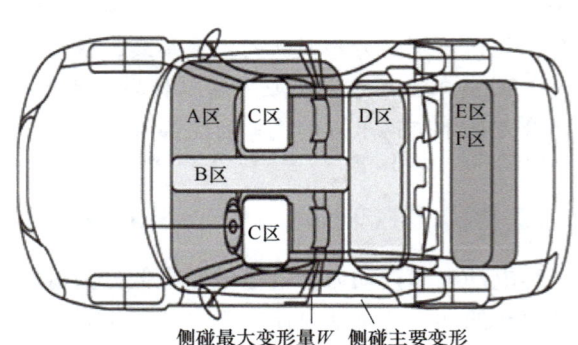

图 5-7　动力蓄电池布置区域示意图

2. 多电源纯电动汽车

多电源纯电动汽车采用动力蓄电池加超级电容或动力蓄电池加飞轮电池的电源组合，可以降低对动力蓄电池容量、电池能量密度和电池功率密度等的要求。多电源纯电动汽车驱动系统由动力蓄电池、超级电容（或飞轮电池）、DC/DC 变换器、控制器和电驱动装置等组成。

在汽车起步、加速和爬坡等行驶工况下，超级电容或飞轮电池可短时间内输出大功率，协助动力蓄电池供电，使纯电动汽车的动力性大为提高；在汽车制动时，则利用超级电容或飞轮电池可接收大电流充电的特点，提高制动能量回馈的效率。

在结构可靠性上，降低了单电源结构出现故障后纯电动汽车无法行驶的风险，采用多电源系统，如果其中一个储能部件发生故障纯电动汽车还具有一定的续驶能力。

五、纯电动汽车按驱动系统的组成和布置形式分

纯电动汽车按驱动系统的组成和布置形式分为机械传动型、无变速器型、无差速器型和电动轮型四种。其中，机械传动型和无变速器型称为集中驱动式，无差速器型和电动轮型称为分布驱动式。

1. 机械传动型纯电动汽车

机械传动型纯电动汽车，如图 5-8 所示，它保留了发动机前置后轮驱动燃油汽车的传动系统，只是把发动机换成了电动机。这种结构可以提高纯电动汽车的起动转矩及低速时的后备功率，对驱动电动机的要求低，可选择功率较小的电动机。

2. 无变速器型纯电动汽车

无变速器型纯电动汽车分为纵置式和横置式两种。

纵置式无变速器型纯电动汽车，如图 5-9 所示。该驱动系统的最大特点是取消了离合器和变速器，采用固定速比减速器，通过电动机的控制实现变速功能，这种结构对电动机的要求较高。

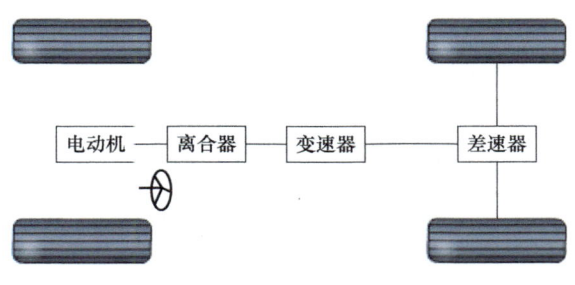

图 5-8 机械传动型纯电动汽车

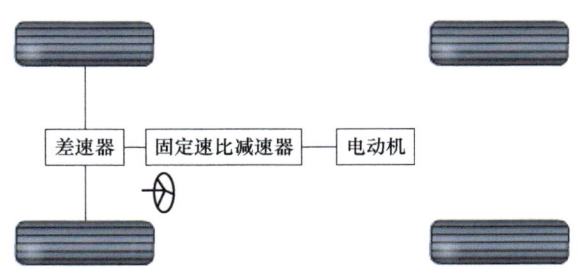

图 5-9 纵置式无变速器型纯电动汽车

横置式无变速器型纯电动汽车，如图 5-10 所示。这种结构与发动机横向前置、前轮驱动的燃油汽车的布置方式类似。它把电动机、固定速比减速器和差速器集成为一个整体，两根半轴连接驱动车轮，这种结构在小型纯电动汽车上应用普遍。

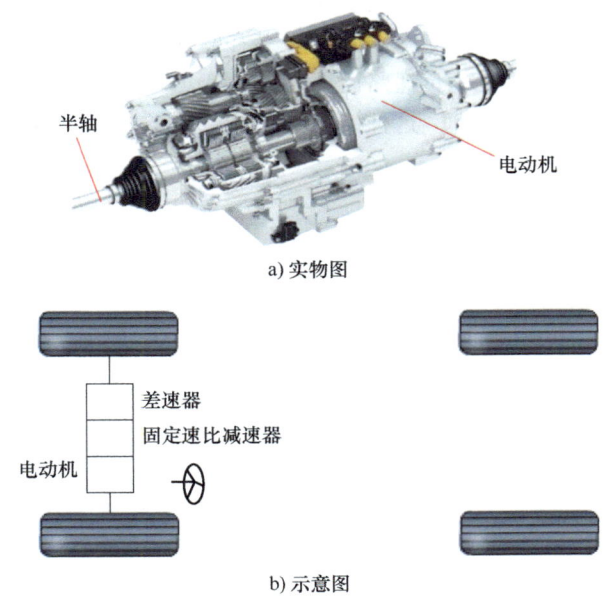

图 5-10 横置式无变速器型纯电动汽车

3. 无差速器型纯电动汽车

无差速器型纯电动汽车，如图 5-11 所示。这种结构采用两台电动机，通过固定速比减速器分别驱动两个车轮，每个电动机的转速可以独立调节。当汽车转向时，由电子控制系统实现电子差速，电动机控制系统比较复杂。

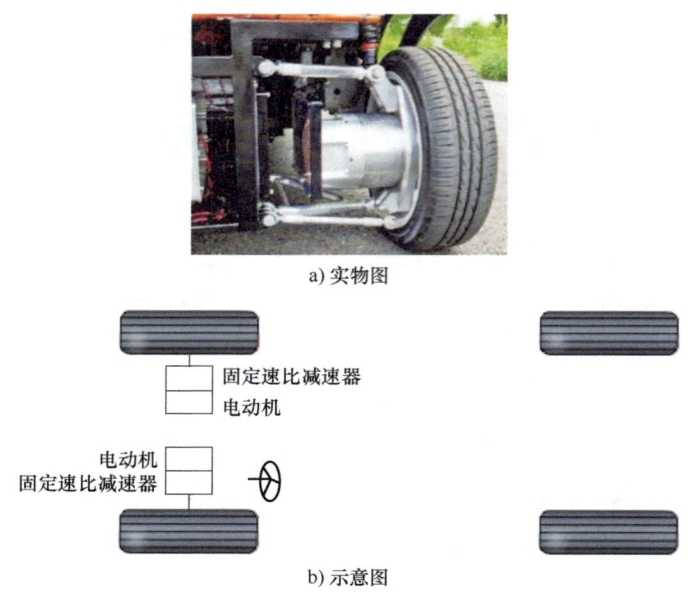

图 5-11　无差速器型纯电动汽车

4. 电动轮型纯电动汽车

电动轮型纯电动汽车分为两种，即电动轮型一和电动轮型二。

电动轮型一，如图 5-12 所示。将电动机直接安装在驱动轮内（又称为轮毂电动机），可进一步缩短电动机到驱动车轮之间的动力传递路径，但需要增设减速比较大的行星齿轮减速器，以便将电动机转速降低到理想的车轮转速。这种结构对控制系统控制精度和可靠性的要求较高。

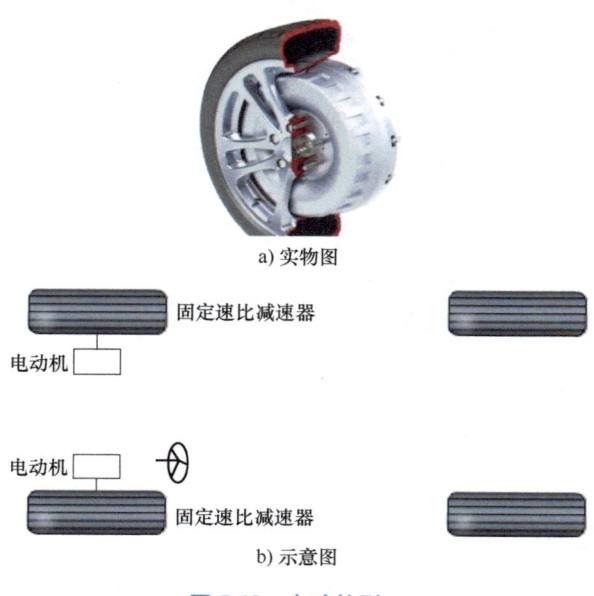

图 5-12　电动轮型一

电动轮型二，如图 5-13 所示。该结构采用低速外转子电动机，去掉了减速齿轮，将电动机的外转子直接安装在车轮的轮缘上。这种结构的电动机与驱动车轮之间无任何机械传动装置，无机械传动损失，空间利用率最大。这种电动机直接驱动车轮的形式对电动机的性能要求最高，要求其具有较高的起动转矩，较大的后备功率。

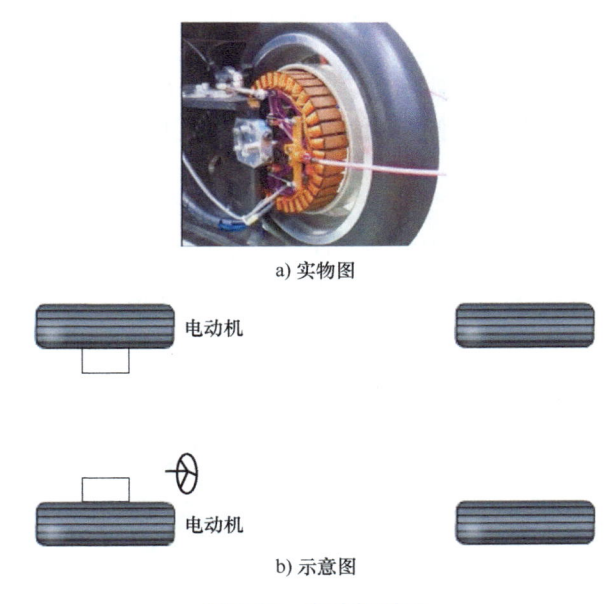

图 5-13　电动轮型二

单元二　纯电动汽车的结构与原理

一、纯电动汽车的特点

1. 纯电动汽车的优点

1）零排放。纯电动汽车使用电能，行驶过程中不排放废气，对环境无污染。

2）对电网削峰填谷。在夜间利用电网的廉价"谷电"进行充电，起到平抑电网的峰谷差作用。

3）可回收能源。可回收制动、下坡时的能量，提高能量的利用效率。

4）结构简单。省略了传统燃油汽车的发动机、离合器、多档变速器和燃油箱等，结构相对简单。

5）低噪声。纯电动汽车没有发动机产生的噪声，驱动电机的噪声也比发动机小。

6）节能。纯电动汽车的应用可以有效降低对石油资源的依赖。充电到动力蓄电池的电能可以从水电、火电、核电、太阳能和风能等得到。

2. 纯电动汽车的缺点

1）续驶能力低。目前，纯电动汽车还没有燃油汽车技术那么完善，特别是动力蓄电池寿命短、使用成本高、储能少和续驶里程短。

2）整车成本高。纯电动汽车主要使用锂离子蓄电池，价格昂贵，需要国家补贴。

3）安全性有待改善。锂离子蓄电池的安全性有待进一步提高。

4）充电时间长。一般交流慢充时间为6~8h，直流快充时间为30min左右，但频繁的直流快充对动力蓄电池的寿命影响较大。

5）配套设施不完善。纯电动汽车的使用远不如燃油汽车方便，应加大配套基础设施建设。

随着电动汽车技术的突破，特别是动力蓄电池容量和循环寿命的提高，以及价格的降低和基础设施的完善，纯电动汽车的推广和使用必将有很大的发展。

二、纯电动汽车的结构

纯电动汽车主要由电机、动力蓄电池、底盘、车身和辅助系统组成，如图5-14所示。电机相当于燃油汽车的发动机，动力蓄电池相当于燃油汽车的燃油箱。

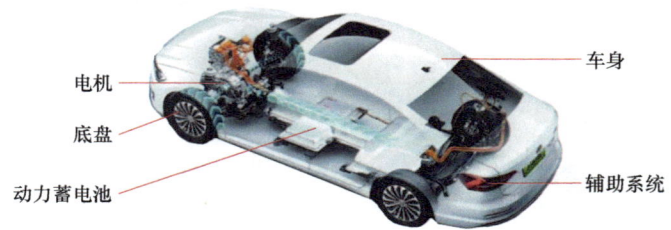

图5-14　纯电动汽车的结构

纯电动汽车的典型结构框图，如图5-15所示。

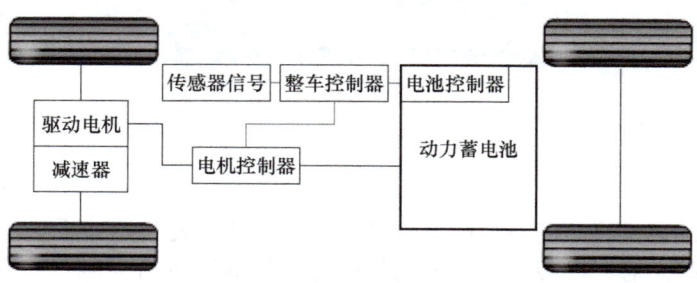

图5-15　纯电动汽车的典型结构框图

1. 电机

电机是纯电动汽车的动力装置，其作用是将电能变换为机械能驱动汽车行驶，也可以作为发电机将机械能变换为电能，并储存在动力蓄电池内。由于电机可带负载直接起动，省去了燃油汽车中的离合器；又由于电机容易实现正反转，故无须通过变速器中的倒档齿轮组来实现倒车。

2. 底盘

底盘是整个汽车的基体，它不仅起着支撑电机、动力蓄电池、汽车车身及各种辅助装置的作用，同时也将电机的动力进行传递和分配，并按驾驶人的要求进行行驶。

（1）传动系统　与燃油汽车的传动系统比较，纯电动汽车在传动系统上有了很大区别，主要是没有了发动机、离合器和变速器，只有电机、减速器、差速器和半轴，结构大为简化，如图5-16所示。

图5-16　纯电动汽车的传动系统

（2）行驶系统　纯电动汽车行驶系统和燃油汽车行驶系统相似，主要包括车架、车桥、车轮和悬架等，如图5-17所示。纯电动汽车行驶系统的作用是接收电机经传动系统传来的转矩，并通过驱动轮和路面间的附着作用，产生路面对纯电动汽车的牵引力，以确保整车正常行驶。此外，它应尽可能缓和不平路面对车身造成的冲击和振动，以确保汽车正常行驶。

图5-17　纯电动汽车的行驶系统

（3）转向系统　纯电动汽车的转向系统一般采用电动式动力转向（EPS）系统，电动式动力转向系统有转向轴助力式、齿轮助力式和齿条助力式三种，如图5-18所示。

1）电动式动力转向系统（转向轴助力式）的基本组成，如图5-19所示。

① 转矩传感器和车速传感器。转矩传感器是为了让电动式动力转向系统获知驾驶人的驾驶意图而设置的传感器，如图5-20所示。它用于测量驾驶人作用在转向盘上的转矩大小和方向，以及转向盘转角的大小和方向。

转矩测量系统比较复杂而且成本很高，在电动式动力转向系统的成本中占据较大的比例。所以，精确、可靠和低成本的转矩传感器是决定电动式动力转向系统是否具有市场前景

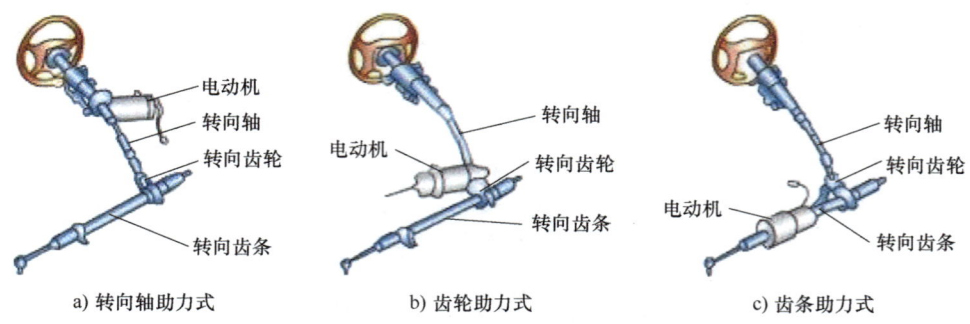

图 5-18 电动式动力转向系统

a) 转向轴助力式　　b) 齿轮助力式　　c) 齿条助力式

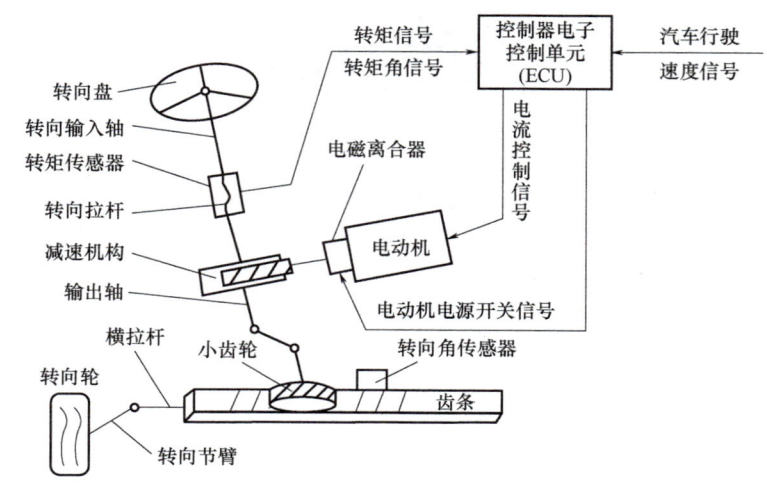

图 5-19 电动式动力转向系统（转向轴助力式）的基本组成

的关键之一。目前，采用较多的方案是在转向轴位置上加一个转向拉杆，通过测量转向拉杆的变形程度来测量转矩。另一种方案是采用非接触式转矩传感器。

车速传感器是为了给电动式动力转向系统提供车速的信息，作为电动式动力转向系统决定产生助力大小的依据，如图 5-21 所示。

图 5-20 转矩传感器

图 5-21 车速传感器

②电动机。转矩传感器是向电动式动力转向系统的ECU提供驾驶人意图的信息的，ECU根据转矩传感器和车速传感器提供的数据，产生控制指令。电动机就是执行控制指令的一个执行机构，电动机的功能就是根据控制指令输出合适的转动方向和合适的转矩，输送给转向拉杆，以帮助驾驶人更加灵活、轻便、准确和稳定地完成转向的功能。

电动机是电动式动力转向系统的关键部件，对电动式动力转向系统的性能具有很大的影响。电动式动力转向系统对电动机的要求是低转速大转矩、波动小、转动惯量小、尺寸小和质量小，而且可靠性高和易于控制。在设计上常常对原有电动机做一些改进，以满足电动式动力转向系统的要求，如沿转子的表面开一些斜槽或螺旋槽、定子磁铁设计成不等厚的形状等。

永磁同步电动机，如图5-22所示。其具有高功率、高功率因数和高转矩惯性比等优点，是电动式动力转向系统的理想电动机。这种电动机无机械换向器和电刷，结构简单、体积小、运行可靠、环境适应能力强，电池功率密度远大于一般电动机，是电动式动力转向系统电动机的首选。

③减速器。在电动式动力转向系统减速机构与电动机组合装置中，减速机构的作用是减速增矩，即降低转速增加转矩，常采用蜗轮蜗杆机构和行星轮机构的形式。有的电动式动力转向系统减速机构还配有离合器，装在减速机构的一侧，当车速达到一定值

图5-22 永磁同步电动机

时，已经不再需要助力转向，这时用离合器切断电动机减速系统的连接，电动式动力转向系统停止工作。当电动机发生故障时，离合器也自动分离，转向系统进入无助力机械转向模式工作。

2）电动式动力转向系统的工作原理。转矩传感器和车速传感器将采集到的信号经滤波放大处理后，输入电子控制器（ECU），ECU通过运行其内部的控制算法，向执行机构发出指令，控制执行部件的动作。其工作过程为：当操纵转向盘时，转矩传感器产生与输入转向转矩相对应的电压信号；该信号与车速信号同时输入ECU，由ECU中的计算机系统运算处理后，确定其助力转矩的大小和方向，即选定电动机的驱动电流和方向，调整转向的辅助动力。电动机的转矩通过电磁离合器输出，再经减速机构减速增矩后，加在汽车的转向机构上，使之得到一个与工况相适应的转向作用力。

3）电动助力转向的维护。

①检查转向电机的电缆线插接件有无松脱，检查转向ECU插头、各传感器的插头有无松脱。

②检查转向球头有无磨损和松动。

③连接汽车故障诊断仪检测有无电动助力转向系统故障码。

（4）制动系统

1）纯电动汽车真空度的来源。燃油汽车制动系统的真空助力器是利用发动机进气产生的真空度来助力，而纯电动汽车制动系统的真空助力器是利用电动真空泵产生的真空度来助力，如图5-23所示。电动真空泵的使用，可以保证真空助力器内的真空度维持在一定的水

平，为电动汽车行驶提供良好的制动效能和保障行车的安全性。

2）纯电动汽车高压空气的来源。燃油汽车气压制动的空气压缩机采用机械式的，而纯电动公交大客车采用电动空气压缩机，如图5-24所示。电动汽车空气压缩机为整车气压制动系统及其他辅助用气系统提供气源，其主要用途为车辆提供空气动力，主要用于行车制动、车门启闭和空气悬架等，是新能源汽车必不可少的关键零部件之一，所以需要高品质的电动空气压缩机。

图5-23 汽车电动真空泵

图5-24 电动客车电动空气压缩机

3. 辅助系统

辅助系统主要包括辅助电源、空调器、动力转向系统、导航系统、刮水器、收音机、照明和除霜装置等。纯电动汽车与燃油汽车的辅助系统主要区别如下：

（1）辅助电源充电方式不同　燃油汽车辅助电源（铅酸蓄电池）由与发动机相连的发电机进行充电，而纯电动汽车辅助电源由动力蓄电池通过DC/DC变换器进行充电。

（2）汽车空调系统

1）汽车空调制冷系统类型。纯电动汽车没有发动机作为空调压缩机的动力源，也没有发动机余热可以利用，以达到取暖和除霜的效果。燃料电池汽车也没有发动机作为空调压缩机的动力源，但是燃料电池可以产生比较稳定的余热。对于混合动力汽车来说，发动机由其控制策略决定，不能随时作为制冷压缩的动力源。汽车空调对车厢内部空气的调节首要的是调节空气的温度，通过制冷来降低空气温度。根据新能源汽车的特点，目前可以选择的制冷空气调节方式主要有热电偶制冷、余热制冷和电动压缩机制冷三种。其中，余热制冷可以考虑应用在燃料电池汽车上。

① 热电偶空调系统。与传统机械压缩式空调系统相比，热电偶空气调节具有以下特点：热电偶元件工作需要直流电源；改变电流方向即可产生制冷和加热的逆效果；热电偶制冷片热惯性非常小，制冷时间很短，在热端散热良好冷端空载的情况下，通电不到1min，制冷片就能达到最大温差；调节组件工作电流的大小即可调节制冷速度和温度，温度控制精度可达0.001℃，并且容易实现能量的连续调节；在正确设计和应用条件下，其制冷效率可达90%以上，且具有体积小、质量小和结构紧凑等特点，有利于减小电动汽车的整备质量。另外，热电偶空调系统可靠性高、寿命长并且维护方便；没有转动部件，因此无振动、无摩擦、无噪声且耐冲击。

电动汽车热电偶空调系统冷却器位于传统汽车空调系统蒸发器的位置，用于除去被调节空气的热量及水分,并将热量传给系统中的载热介质。散热器则位于传统汽车空调系统冷凝器的位置,吸收冷却器放给载热介质的热量,并将该热量排放到环境大气中。传递热量的载热介质可以采用乙二醇与水的混合物,与汽车散热器中使用的介质相同,价格便宜并对环境没有任何污染。另外,由于热电偶制冷效率的高低取决于热电堆冷热端的温差,而强化热端的散热与强化冷端的冷量散发有利于降低热电堆冷热端的温差,所以在车内外热电堆处均采用了风扇进行强制对流,以增加冷量的传递和提高制冷效率。

② 余热制冷空调系统。目前,利用余热的空调制冷技术主要有氢化物制冷、固体吸附式制冷及吸收式制冷,其工作原理、特点和系统组成不尽相同。氢化物制冷是指利用金属氢化物作为介质,通过在不同温度下金属氢化物释放或吸收氢气的特点而实现制冷,固体吸附式制冷是利用某些固体物质在一定温度、压力下能吸附某种气体或水蒸气,在另一种温度、压力下又能把它释放出来的特性,通过吸附与解吸过程导致压力变化,从而起到压缩机的作用。吸收式制冷也是以热能为动力,利用由两种沸点不同的物质组成溶液具有的气液不平衡特性来完成制冷循环。溴化锂-水和氨-水吸收式制冷是最常见的吸收式制冷。

对于燃料电池汽车来说,用燃料化学能转化成的电能作为动力,但是燃料电池的化学能转化效率只有50%左右,其余的能量都转化为余热白白排放掉,导致燃料电池汽车能耗非常大。而汽车空调系统需要消耗能源,若能利用燃料电池的余热制冷,一举两得,将大大提高燃料电池的能源利用效率,为燃料电池汽车的发展和应用提供技术上的支持。

③ 电动压缩机空调系统。电动空调系统由于能量效率高、调节方便和舒适性好等优点逐步成为车辆空调研发应用的热点和发展趋势。电动汽车与传统汽车空调系统的区别在于:电动空调压缩机可以采用电机直接驱动,电动空调系统在环境保护、动力舱结构布置以及车厢舒适性等各项指标上均处于优势,其主要优点如下:

a. 电驱动压缩机空调系统可以采用全封闭的涡旋压缩机系统及制冷回收技术,整体的高度密封性可以减小正常运行以及修理维修时制冷剂的泄漏损失,从而减少了对环境的污染。

b. 电动空调的压缩机靠电动机驱动,因此可以通过精确的控制以及在常见热负荷工况下的高效率运行来降低空调系统的能耗,从而提高整车的经济性。

c. 采用电驱动,噪声较低,可靠性高,故障率低,使用寿命长。

d. 对于一体式电动压缩机,取消了发动机与压缩机之间的传动带,没有了张紧件的质量,相对于传统结构减小了整车质量。

e. 可以在上下车之前预先启动电动空调,对车厢内的空气进行预先调节,增加乘客的舒适性,而传统空调必须先起动发动机才能启动空调。

2)纯电动汽车暖风的产生。燃油汽车的暖风由发动机冷却液提供,而纯电动汽车的暖风由PTC加热元件提供,如图5-25所示。PTC电加热器是采用PTC热敏电阻(正温度型)元件为发热源的一种加热器。它的电阻值随温度变化而急剧变化,当外界温度降低,PTC电阻值随之减小,发热量反而会相应增加;超过一定的温度(居里温度)时,它的电阻值随着温度的升高呈阶跃性的增高。PTC加热器有电热丝加热器和陶瓷式加热器两种,具有发热无异味,

图 5-25　PTC 电加热器

使用寿命长，无明显功率衰减现象，干净整洁，热效率高等特点。

3）汽车空调系统的维护：

① 检查电动压缩机的输入电缆线插接件有无松动。

② 检查电动压缩机端的电缆线插头螺栓是否松动、表面有无烧蚀。

③ 检查鼓风机、散热风扇是否工作正常。

④ 清洁空调滤网，清洁空调散热器上的杂物。

⑤ 连接汽车故障诊断仪，检测有无空调系统故障码。

4. 车身

车身的作用是保护车内人员以及构成良好的空气力学环境。纯电动汽车的车身和燃油汽车的车身类似，如图 5-26 所示，其由动力舱、前围、地板、侧围、顶盖、后围以及翼子板七部分组成，其与燃油汽车不同的部分主要在动力舱和地板部分。

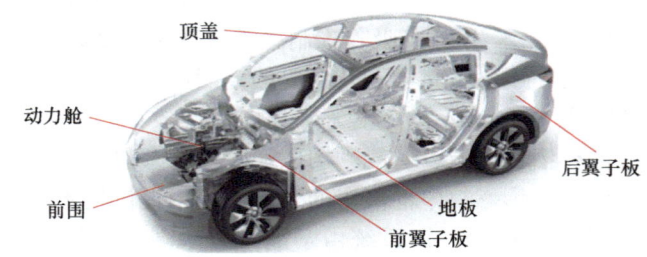

图 5-26　纯电动汽车车身

燃油汽车的动力舱主要用来安装发动机，而纯电动汽车的动力舱主要用来安装电机、减速器、电机控制器和车载充电机等。

纯电动汽车由于车身地板下部需要布置动力蓄电池，其地板下部与燃油汽车结构存在较大的差异。目前主要有两种结构：一种为传统钢制平台地板，最大化地与燃油汽车通用平台；另一种为纯电动汽车专有平台，完全以动力蓄电池为核心进行布置，包括底盘系统。

三、纯电动汽车驱动系统的布置形式

纯电动汽车按电机的安装位置不同，布置形式有前置前驱、后置后驱、四轮驱动和轮毂电机四种。

1. 前置前驱

前置前驱是将驱动电机安装在车辆前方，通过减速器和半轴将驱动力传递给前轮，如图 5-27 所示。特点是传输动力速度快、减少了传动部件，传递动力的过程较短。优点是便于结合成熟的麦弗逊悬架，制造工艺简单，开发周期短，且动力舱易于布置。这种布置的车辆前部比较重、后轮轻，下坡制动时前轮载荷过重，高速时易发生翻车现象；容易产生转向不足；上坡时前轮附着力减少而使操纵稳定性变坏。

图 5-27　前置前驱

2. 后置后驱

纯电动汽车由于驱动电机的体积小，可将驱动电机安装在车辆后面，从而拥有更好的车身动态，如图 5-28 所示。后置后驱对车辆加速和操控有着不可比拟的优势。但缺少了前置的风冷散热，后置的散热器功率大，对车辆续驶里程有所影响；正常路面行驶，前轮负荷小，会出现过度转向；冰雪路面行驶，会导致转向困难。

图 5-28 后置后驱

3. 四轮驱动

四轮驱动一般用于高端车，如图 5-29 所示。其特点是两种形式的电机组合使用：低速行驶阶段，充分利用永磁电机的高效率，保证驱动电机损耗最低状态，实现能源的最大化运用；高速行驶阶段，将感应异步电机在高速状态下的高功率发挥更大的性能。总体来说，无论是中低速还是高速路段，永磁电机基本一直在运行，而感应电机是起到加速和提升性能的作用，最大限度地两者兼顾。同步和异步电机组合使用，发挥各自优势，达到综合性能最优。

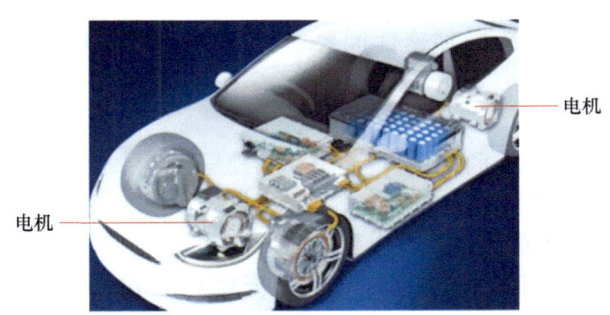

图 5-29 四轮驱动

4. 轮毂电机

轮毂电机是将驱动电机安装在车辆的轮毂上，把汽车的"动力系统、传动系统和制动系统等"集成到一起而设计出来的，如图 5-30 所示。轮毂电机的优点是省略了大量传动部件，让车辆的结构更简单；可实现多种复杂的驱动方式。由于轮毂电机具备单个车轮独立驱动的特性，因此无论是前置前驱、后置后驱和四轮驱动，它都可以比较轻松地实现。轮毂电机的缺点是虽然整车质量下降，但是簧下质量提高了，将给整车的操控、舒适性和悬架的可靠性带来巨大影响；轮毂电机生产成本高；维修成本高；发热大，对制动性能要求高。

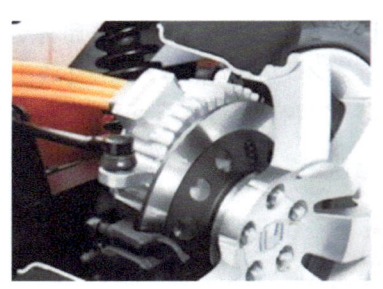  

图 5-30　轮毂电机

轮毂电机方案在动力配置、传动结构、操控性能和能源利用等方面的技术优势和特点极为明显，待技术成熟后，未来会成为主流的布置方案。

四、纯电动汽车的评价指标

纯电动汽车从动力性和经济性两方面进行评价。

1. 动力性

纯电动汽车动力性评价指标有最高车速、最大爬坡度和加速时间。

（1）最高车速　评价最高车速有 1km 最高车速和 30min 最高车速两种。

1km 最高车速是指电动汽车能够往返各持续行驶 1km 以上距离的最高车速的平均值。

30min 最高车速是指电动汽车能够持续行驶 30min 以上的最高平均车速。

（2）最大爬坡度　爬坡度是指坡路高度和水平距离比值的百分比。新能源汽车最大爬坡度在 20%～25% 范围内。20% 指的是汽车在水平距离前进 100m 的情况下，垂直高度上升 20m。

（3）加速时间　不同车辆的加速性能要求不同，一般有 0～50km/h 加速性能和 50～80km/h 加速性能两个参数。

2. 经济性

纯电动汽车经济性评价指标有能量消耗率和续驶里程。

（1）能量消耗率　电动汽车经过规定的试验循环后对动力蓄电池组重新充电至试验前的容量，从电网上得到的电能除以行驶里程所得的值。

（2）续驶里程　电动汽车在动力蓄电池完全充电状态下，以一定的行驶工况，能连续行驶的最大距离。

巩固与提高

一、填空题

1. 纯电动汽车按用途分为纯电动_____、纯电动_____和纯电动_____三种。
2. 纯电动汽车按动力蓄电池电压高低分为_____纯电动汽车和_____纯电动汽车两种。
3. 纯电动汽车按使用的电池类型分为_____纯电动汽车、_____纯电动汽车和_____纯电动汽车三种。

新能源汽车概论

工作页

班级_____

姓名_____

学号_____

目 录

工作页 1-1　汽车的认识 …………………………………………………………（1）
工作页 2-1　新能源汽车的安全用电及防护用具 ………………………………（3）
工作页 2-2　新能源汽车维修的工量具 …………………………………………（5）
工作页 3-1　动力蓄电池 …………………………………………………………（7）
工作页 3-2　驱动电机 ……………………………………………………………（9）
工作页 3-3　电控技术 ……………………………………………………………（11）
工作页 4-1　插电式混合动力（含增程式）汽车 ………………………………（13）
工作页 5-1　纯电动汽车 …………………………………………………………（15）
工作页 6-1　燃料电池汽车 ………………………………………………………（17）
工作页 7-1　新能源汽车的充换电技术 …………………………………………（19）

工作页 1-1　汽车的认识

1. 任务目的描述
1）知道汽车的定义及分类。
2）知道新能源汽车的定义及分类。
3）能识别学校实训室新能源汽车的类型。
4）增强学生的民族自信心。
5）能积极主动参与任务，能与小组成员团结协作，能执行实训室"6S"规定。

2. 任务准备
1）知识准备：完成模块一新能源汽车的总体认知的学习。
2）设备准备：燃油汽车、新能源汽车、演示课件（或操作视频）。

3. 任务步骤
（1）老师演示或播放视频：新能源汽车的总体认知。
[引导问题]
1）汽车是_____
_____。
2）汽车按动力源的不同分为_____。
3）新能源汽车是_____
_____
_____。
4）新能源汽车分为_____。
5）其他新能源汽车主要有_____。

[查阅资料]
1）中国的汽车生产厂家及发展情况。

2）世界石油资源及中国石油资源情况，说明发展新能源汽车的重要意义。

（2）学生实地观看学校实训室燃油汽车和新能源汽车，并完成表 1-1-1 的填写。

表 1-1-1 任务表

任务名称		日期	
第___小组成员			
实训内容			
引导问题	阅读教材并填写		
查阅资料	上网查阅资料并填写		
实训室燃油汽车整车型号			
实训室混合动力汽车整车型号			
实训室纯电动汽车整车型号			
实训室燃料电池汽车整车型号			

4. 任务评价

任务评价内容及标准见表 1-1-2。

表 1-1-2 任务评价内容及标准

序号	项目	操作内容	分值	评分标准	得分
1	准备	清理工位	5	酌情扣分	
2	引导问题	阅读教材并填写	40	每个 8 分	
3	查阅资料	上网查阅资料并填写	10	每个 5 分	
4	燃油汽车整车型号	填写燃油汽车整车型号	5	正确 5 分	
5	混合动力汽车整车型号	填写混合动力汽车整车型号	5	正确 5 分	
6	纯电动汽车整车型号	填写纯电动汽车整车型号	5	正确 5 分	
7	燃料电池汽车整车型号	填写燃料电池汽车整车型号	5	正确 5 分	
8	完成时间	40min	10	超时 1~5min 扣 1~5 分 超时 5min 以上扣 10 分	
9	安全文明	无安全隐患，无不文明操作	5	未达标扣 1~5 分	
10	结束	工作场地清洁	10	视情扣分	
	总分		100		

工作页 2-1　新能源汽车的安全用电及防护用具

1. 任务目的描述

1）能识别新能源汽车上不同部位的电压级别。
2）能正确使用新能源汽车的安全防护用具。
3）树立"安全第一、预防为主"的安全生产理念。
4）能积极主动参与任务，能与小组成员团结协作，能执行实训室"6S"规定。

2. 任务准备

1）知识准备：完成模块二单元一新能源汽车的安全用电及防护用具的学习。
2）设备准备：新能源汽车、新能源汽车防护用具、演示课件（或操作视频）。

3. 任务步骤

（1）老师演示或播放视频：新能源汽车的安全用电及防护用具。

［引导问题］

1）新能源汽车中将车辆电压按照类型和数值分为_____。
2）新能源汽车上黑色和红色电缆工作电压为_____。
新能源汽车上蓝色和黄色电缆工作电压为_____。
新能源汽车上橙色电缆工作电压为_____。
3）新能源汽车根据高压存在的时间分为_____
_____。
4）新能源汽车的安全设计包括_____。
5）看图填写名称。

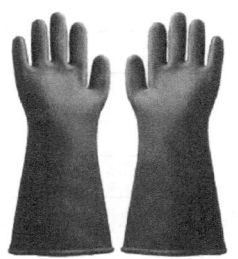  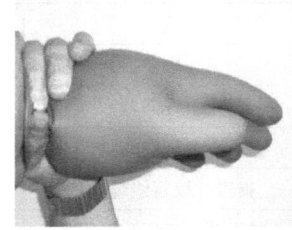

_____　　　_____　　　_____

 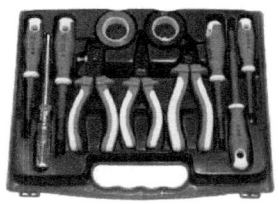 

_____　　　_____　　　_____

[查阅资料]

请想一想高压防护用具对于新能源汽车维修人员的生命安全和职业健康有什么重要意义？

（2）学生查看新能源汽车上线缆的颜色和练习使用高压防护用具，并完成表2-1-1的填写。

表2-1-1 任务表

任务名称		日期	
第___小组成员			
实训内容			
引导问题	阅读教材并填写		
查阅资料	上网查阅资料并填写		
查看并填写新能源汽车线缆颜色			
练习使用高压防护用具			

4. 任务评价

任务评价内容及标准见表2-1-2。

表2-1-2 任务评价内容及标准

序号	项目	操作内容	分值	评分标准	得分
1	准备	清理工位	5	酌情扣分	
2	引导问题	阅读教材填写	36	每个3分	
3	查阅资料	上网查阅资料并填写	10	10分，视情扣分	
4	查看并填写线缆颜色	填写线缆颜色	12	视情扣分	
5	练习使用高压防护用具	按规范使用高压防护用具	12	视情扣分	
6	完成时间	40min	10	超时1~5min扣1~5分 超时5min以上扣10分	
7	安全文明	无安全隐患，无不文明操作	5	未达标扣1~5分	
8	结束	高压防护用具归位，工作场地清洁	10	视情扣分	
	总分		100		

工作页 2-2　新能源汽车维修的工量具

1. 任务目的描述

1）知道新能源汽车维修工量具的类型。
2）学会使用新能源汽车维修的工量具。
3）培养严谨认真、精益求精的意识，争做大国工匠和高技能人才。
4）能积极主动参与任务，能与小组成员团结协作，能执行实训室"6S"规定。

2. 任务准备

1）知识准备：完成模块二单元二新能源汽车维修的工量具的学习。
2）设备准备：兆欧表、万用表、钳形电流表、绝缘工具、汽车故障诊断仪、演示课件（或操作视频）。

3. 任务步骤

（1）老师演示或播放视频：新能源汽车维修的工量具。

［引导问题］

1）新能源汽车维修的量具主要有_____、_____和_____。
2）兆欧表也叫作绝缘电阻测试仪，常见的有_____和_____两种。
3）汽车用万用表主要用来检测直流_____、直流电流、交流电压及导线的_____等参数，万用表按显示方式不同分为_____万用表和_____万用表两种。
4）汽车故障诊断仪也称为_____，它能与汽车 ECU 进行通信，具有读取_____和数据流、_____和软件升级等功能。

［查阅资料］

"工匠精神"的内涵，大力提倡工匠精神的重要意义。

（2）学生练习使用新能源汽车维修的工量具，并完成表 2-2-1 的填写。

表 2-2-1　任务表

任务名称		日期	
第___小组成员			
实训内容			
引导问题	阅读教材并填写		
查阅资料	上网查阅资料并填写		
工量具型号			
万用表使用	按流程规范使用万用表		
钳形电流表使用	按流程规范使用钳形电流表		
汽车故障诊断仪使用	按流程规范使用汽车故障诊断仪		

4. 任务评价

任务评价内容及标准见表 2-2-2。

表 2-2-2 任务评价内容及标准

序号	项目	操作内容	分值	评分标准	得分
1	准备	清理工位	5	酌情扣分	
2	引导问题	阅读教材填写	12	每空 1 分	
3	查阅资料	上网查阅资料并填写	6	每个 6 分	
4	工量具型号填写	填写工量具型号	12	每个 3 分	
5	兆欧表使用	使用兆欧表	10	正确 10 分	
6	万用表使用	使用万用表	10	正确 10 分	
7	钳形电流表使用	使用钳形电流表	10	正确 10 分	
8	汽车故障诊断仪使用	使用汽车故障诊断仪	10	正确 10 分	
9	完成时间	80min	10	超时 1~5min 扣 1~5 分 超时 5min 以上扣 10 分	
10	安全文明	无安全隐患,无不文明操作	5	未达标扣 1~5 分	
11	结束	工量具归位,工作场地清洁	10	视情扣分	
	总分		100		

工作页 3-1 动力蓄电池

1. 任务目的描述
1）知道新能源汽车动力蓄电池的类型。
2）能说出实训室新能源汽车动力蓄电池的集成方式。
3）培养创新意识。
4）能积极主动参与任务，能与小组成员团结协作，能执行实训室"6S"规定。

2. 任务准备
1）知识准备：完成模块三单元一动力蓄电池与管理系统的学习。
2）设备准备：新能源汽车、举升机、演示课件（或操作视频）。

3. 任务步骤
（1）老师演示或播放视频：动力蓄电池与管理系统。
［引导问题］
1）新能源汽车使用的蓄电池主要有_____、_____和_____三种。
2）锂电池分为_____锂电池、_____锂电池和_____锂电池。
3）常用的铅酸蓄电池分为_____蓄电池、_____蓄电池和_____蓄电池三大类。
4）镍氢电池多用于_____汽车。
5）燃料电池不是传统意义上的_____设备，而是一种_____设备。
6）动力蓄电池散热可分为空气散热、_____散热、固体相变材料散热和_____散热等方式。

［查阅资料］
电池发展历程，电池对环境的污染及应对措施。

（2）学生观看实训室新能源汽车的动力蓄电池，并完成表3-1-1的填写。

表 3-1-1 任务表

任务名称		日期	
第___小组成员			
实训内容			
引导问题	阅读教材并填写		
查阅资料	上网查阅资料并填写		
实训室动力蓄电池的类型			

(续)

实训内容	
动力蓄电池的散热方式	
电芯数量	
额定电压	
容量	

4. 任务评价

任务评价内容及标准见表 3-1-2。

表 3-1-2　任务评价内容及标准

序号	项目	操作内容	分值	评分标准	得分
1	准备	清理工位	5	酌情扣分	
2	引导问题	阅读教材填写	28	每空 2 分	
3	查阅资料	上网查阅资料并填写	7	每个 7 分	
4	动力蓄电池的类型	填写动力蓄电池的类型	7	填写不正确扣 7 分	
5	动力蓄电池的散热方式	填写动力蓄电池的散热方式	7	填写不正确扣 7 分	
6	动力蓄电池电芯数量	计算动力蓄电池电芯数量	7	计算不正确扣 7 分	
7	动力蓄电池额定电压	计算动力蓄电池额定电压	7	计算不正确扣 7 分	
8	动力蓄电池容量	计算动力蓄电池容量	7	计算不正确扣 7 分	
9	完成时间	40min	10	超时 1~5min 扣 1~5 分 超时 5min 以上扣 10 分	
10	安全文明	无安全隐患，无不文明操作	5	未达标扣 1~5 分	
11	结束	工作场地清洁	10	视情扣分	
	总分		100		

工作页 3-2 驱动电机

1. 任务目的描述
1）知道新能源汽车驱动电机的种类。
2）能说出实训室新能源汽车驱动电机的类型。
3）增强科技自信。
4）能积极主动参与任务,能与小组成员团结协作,能执行实训室"6S"规定。

2. 任务准备
1）知识准备:完成模块三单元二驱动电机与电力电子的学习。
2）设备准备:新能源汽车、举升机、演示课件(或操作视频)。

3. 任务步骤
(1) 老师演示或播放视频:驱动电机与电力电子。
[引导问题]
1）电机是_____与_____之间转换装置的通称。
2）电动机是把电能转换成_____的一种设备,其特点是_____。
3）新能源汽车上采用的驱动电机主要有_____电机和_____电机两种。
4）电机的冷却方式主要有_____、_____和_____三种。
[查阅资料]
无刷电机的发明,深刻领会"科技是第一生产力、人才是第一资源、创新是第一动力"的含义。

(2) 学生观看实训室新能源汽车的驱动电机,并完成表 3-2-1 的填写。

表 3-2-1 任务表

任务名称		日期	
第___小组成员			
实训内容			
引导问题	阅读教材并填写		
查阅资料	上网查阅资料并填写		
驱动电机的型号				
驱动电机的类型				
驱动电机的冷却方式				
驱动电机的峰值功率				

4. 任务评价

任务评价内容及标准见表3-2-2。

表3-2-2 任务评价内容及标准

序号	项目	操作内容	分值	评分标准	得分
1	准备	清理工位	5	酌情扣分	
2	引导问题	阅读教材填写	36	每空（个）4分	
3	查阅资料	上网查阅资料并填写	10	每个10分	
4	驱动电机的型号	填写驱动电机的型号	6	填写不正确扣6分	
5	驱动电机的类型	填写驱动电机的类型	6	填写不正确扣6分	
6	驱动电机的冷却方式	填写驱动电机的冷却方式	6	填写不正确扣6分	
7	驱动电机的峰值功率	填写驱动电机的峰值功率	6	填写不正确扣6分	
8	完成时间	40min	10	超时1~5min扣1~5分 超时5min以上扣10分	
9	安全文明	无安全隐患，无不文明操作	5	未达标扣1~5分	
10	结束	工作场地清洁	10	视情扣分	
	总分		100		

工作页 3-3 电控技术

1. 任务目的描述

1）知道新能源汽车电池的类型。
2）能说出实训新能源汽车电机类型。
3）激发学生科技报国的家国情怀和使命担当。
4）能积极主动参与任务，能与小组成员团结协作，能执行实训室"6S"规定。

2. 任务准备

1）知识准备：完成模块三新能源汽车的关键技术的学习。
2）设备准备：新能源汽车、举升机、演示课件（或操作视频）。

3. 任务步骤

（1）老师演示或播放视频：电控技术。

[引导问题]

1）整车控制系统主要由_____、_____和_____组成。
2）整车网络控制系统由_____、电机控制器、_____、信息显示系统和通信系统等组成。
3）整车控制器作为新能源汽车_____，是整个控制系统的核心，也是各个子系统的调控中心。
4）电机控制器主要起到调节_____，使其满足整车不同运行要求的目的。
5）动力蓄电池管理系统用于管理和维护_____的工作状态。
6）写出下图中各零部件的名称。

吉利帝豪EV450

[查阅资料]

比亚迪新能源汽车的技术成就，说明"积聚力量进行原创性引领性科技攻关，坚决打赢关键核心技术攻坚战"的重要意义。

（2）学生观看实训室新能源汽车整车控制系统，并完成表 3-3-1 的填写。

表 3-3-1　任务表

任务名称		日期	
第____小组成员			
实训内容			
引导问题	阅读教材并填写		
查阅资料	上网查阅资料并填写		
车上识别控制系统			

4. 任务评价

任务评价内容及标准见表 3-3-2。

表 3-3-2　任务评价内容及标准

序号	项目	操作内容	分值	评分标准	得分
1	准备	清理工位	5	酌情扣分	
2	引导问题	阅读教材填写	48	每空（个）4分	
3	查阅资料	上网查阅资料并填写	10	每个10分	
4	车上识别控制系统	识别车上控制系统	12	视情扣分	
5	完成时间	40min	10	超时 1~5min 扣 1~5 分 超时 5min 以上扣 10 分	
6	安全文明	无安全隐患，无不文明操作	5	未达标扣 1~5 分	
7	结束	工作场地清洁	10	视情扣分	
	总分		100		

工作页 4-1　插电式混合动力（含增程式）汽车

1. 任务目的描述
1）能说出实训室插电式混合动力汽车的类型。
2）能正确识读实训室插电式混合动力汽车的铭牌。
3）能指出实训室插电式混合动力汽车的主要零部件。
4）增强科技自信及绿色低碳生活方式的培养。
5）能积极主动参与任务，能与小组成员团结协作，能执行实训室"6S"规定。

2. 任务准备
1）知识准备：完成模块四插电式混合动力汽车的学习。
2）设备准备：插电式混合动力汽车、举升机、演示课件（或操作视频）。

3. 任务步骤
（1）老师演示或播放视频：插电式混合动力汽车。
［引导问题］
1）混合动力汽车按电机驱动功率占整车功率的比例分为_____混合、_____混合、中度混合、_____混合和_____混合五种。
2）混合动力汽车按电机的位置分为 P0、____、P2、____、P4 和____六种不同的混动架构。
3）插电式混合动力汽车按系统的结构分为_____、_____和_____三种。
4）插电式混合动力汽车的特点：
_____
_____
_____
_____
_____
_____

［查阅资料］
为什么说插电式混合动力汽车更适合当下的情况。

（2）学生观看实训室插电式混合动力汽车，并完成表 4-1-1 的填写。

表 4-1-1 任务表

任务名称		日期	
第___小组成员			
实训内容			
引导问题	阅读教材并填写		
查阅资料	上网查阅资料并填写		
实训室插电式混合动力汽车的类型			
整车型号			
电机的型号			
发动机型号			
VIN 码			
主要零部件名称			

4. 任务评价

任务评价内容及标准见表 4-1-2。

表 4-1-2 任务评价内容及标准

序号	项目	操作内容	分值	评分标准	得分
1	准备	清理工位	5	酌情扣分	
2	引导问题	阅读教材填写	30	1）~3），每空 2 分。4）10 分	
3	查阅资料	上网查阅资料并填写	5	每个 5 分	
4	混动类型	填写混动类型	5	填写不正确扣 5 分	
5	整车型号	填写整车型号	5	填写不正确扣 5 分	
6	电机的型号	填写电机的型号	5	填写不正确扣 5 分	
7	发动机型号	填写发动机型号	5	填写不正确扣 5 分	
8	VIN 码	填写 VIN 码	5	填写不正确扣 5 分	
9	识别零部件	识别混动汽车主要零部件	10	视情扣分	
10	完成时间	40min	10	超时 1~5min 扣 1~5 分 超时 5min 以上扣 10 分	
11	安全文明	无安全隐患，无不文明操作	5	未达标扣 1~5 分	
12	结束	工作场地清洁	10	视情扣分	
	总分		100		

工作页 5-1　纯电动汽车

1. 任务目的描述

1）能说出实训室纯电动汽车的类型。
2）能正确识读纯电动汽车的铭牌。
3）能指出实训室纯电动汽车的主要零部件。
4）培养学生精益求精的工匠精神和创新精神。
5）能积极主动参与任务，能与小组成员团结协作，能执行实训室"6S"规定。

2. 任务准备

1）知识准备：完成模块五纯电动汽车的学习。
2）设备准备：纯电动汽车、举升机、演示课件（或操作视频）。

3. 任务步骤

（1）老师演示或播放视频：纯电动汽车。

[引导问题]

1）纯电动汽车按用途分为纯电动_____、纯电动_____和纯电动_____三种。
2）纯电动汽车按电压高低分为_____纯电动汽车和_____纯电动汽车两种。
3）纯电动汽车按车载电源数目分为_____纯电动汽车和_____纯电动汽车两种。
4）纯电动汽车按电机的安装位置不同，布置形式有_____、后置后驱、四轮驱动和_____四种。
5）纯电动汽车的特点：

_____
_____
_____
_____
_____
_____

[查阅资料]

新能源汽车的大量使用会给我们的生活带来哪些变化？

（2）学生观看实训室纯电动汽车，并完成表 5-1-1 的填写。

表 5-1-1 任务表

任务名称		日期	
第___小组成员			
实训内容			
引导问题	阅读教材并填写		
查阅资料	上网查阅资料并填写		
纯电动汽车的类型			
整车型号			
电机型号			
动力蓄电池型号			
VIN 码			
主要零部件名称			

4. 任务评价

任务评价内容及标准见表 5-1-2。

表 5-1-2 任务评价内容及标准

序号	项目	操作内容	分值	评分标准	得分
1	准备	清理工位	5	酌情扣分	
2	引导问题	阅读教材填写	24	1）~4），每空 2 分。5）6 分	
3	查阅资料	上网查阅资料并填写	6	每个 6 分	
4	汽车类型	填写纯电动汽车类型	4	填写不正确扣 4 分	
5	整车型号	填写整车型号	4	填写不正确扣 4 分	
6	电机型号	填写电机型号	4	填写不正确扣 4 分	
7	动力蓄电池型号	填写动力蓄电池型号	4	填写不正确扣 4 分	
8	VIN 码	填写 VIN 码	4	填写不正确扣 4 分	
9	识别主要零部件	识别纯电动汽车主要零部件	20	视情扣分	
10	完成时间	40min	10	超时 1~5min 扣 1~5 分 超时 5min 以上扣 10 分	
11	安全文明	无安全隐患，无不文明操作	5	未达标扣 1~5 分	
12	结束	工作场地清洁	10	视情扣分	
	总分		100		

工作页 6-1 燃料电池汽车

1. 任务目的描述

1）能说出实训室燃料电池汽车的类型。
2）能正确识读实训室燃料电池汽车的铭牌。
3）能指出实训室燃料电池汽车的主要零部件。
4）树立"绿色"的生态文明理念。
5）能积极主动参与任务，能与小组成员团结协作，能执行实训室"6S"规定。

2. 任务准备

1）知识准备：完成模块六燃料电池汽车的学习。
2）设备准备：燃料电池汽车、举升机、演示课件（或操作视频）。

3. 任务步骤

（1）老师演示或播放视频：燃料电池汽车。

[引导问题]

1）燃料电池汽车按用途分有燃料电池_____、燃料电池_____和燃料电池_____。

2）燃料电池汽车按燃料特点可分为_____电动汽车和_____电动汽车两种。

3）燃料电池汽车按燃料氢的储存方式可分为_____燃料电池电动汽车、_____燃料电池电动汽车和_____燃料电池电动汽车三种。

4）燃料电池汽车的特点：

_____
_____
_____
_____
_____
_____

[查阅资料]

新能源汽车发展的终极目标是什么？

（2）学生观看实训室燃料电池汽车，并完成表6-1-1的填写。

表 6-1-1 任务表

任务名称		日期	
第___小组成员			
实训内容			
引导问题	阅读教材并填写		
查阅资料	上网查阅资料并填写		
燃料电池汽车类型			
整车型号			
电机型号			
动力蓄电池额定电压			
VIN 码			
主要零部件名称			

4. 任务评价

任务评价内容及标准见表6-1-2。

表 6-1-2 任务评价内容及标准

序号	项目	操作内容	分值	评分标准	得分
1	准备	清理工位	5	酌情扣分	
2	引导问题	阅读教材填写	22	1）~3），每空2分。4）6分	
3	查阅资料	上网查阅资料并填写	8	每个8分	
4	燃料电池汽车类型	填写燃料电池汽车类型	5	填写不正确扣5分	
5	整车型号	填写整车型号	5	填写不正确扣5分	
6	电机型号	填写电机型号	5	填写不正确扣5分	
7	动力蓄电池额定电压	填写动力蓄电池额定电压	5	填写不正确扣5分	
8	VIN 码	填写 VIN 码	5	填写不正确扣5分	
9	识别零部件	识别燃料电池汽车主要零部件	15	视情扣分	
10	完成时间	40min	10	超时1~5min扣1~5分 超时5min以上扣10分	
11	安全文明	无安全隐患，无不文明操作	5	未达标扣1~5分	
12	结束	工作场地清洁	10	视情扣分	
	总分		100		

工作页 7-1　新能源汽车的充换电技术

1. 任务目的描述

1）能说出新能源汽车补充电能的方式。
2）能描述新能源汽车的充电方法。
3）培养严谨认真、精益求精的意识，争做大国工匠和高技能人才。
4）能积极主动参与任务，能与小组成员团结协作，能执行实训室"6S"规定。

2. 任务准备

1）知识准备：完成模块七新能源汽车的充换电技术的学习。
2）设备准备：可外接充电的新能源汽车、演示课件（或操作视频）。

3. 任务步骤

（1）老师演示或播放视频：新能源汽车的充换电技术。

［引导问题］

1）目前，新能源汽车动力蓄电池补充电能的方式有_____和_____两种。
2）电动汽车充电的方法分为_____、_____和_____三种。
3）交流充电接口采用_____的设计，直流充电接口采用_____的设计。
4）交流充电俗称为"慢充"，是指电网输入给车辆的电压为____V或____V交流电。
5）直流充电俗称为"快充"，是指外部电网输入给车辆的电压为_____。
6）新能源汽车充电的方法有_____、_____和_____三种。
7）写出下图中零部件的名称。

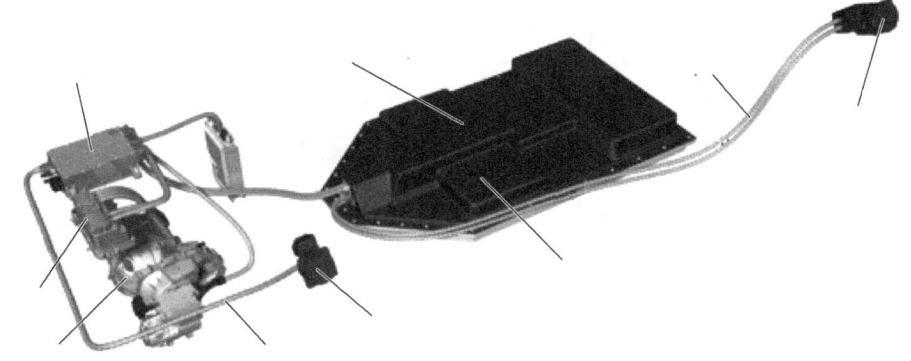

8）写出交流充电接口各端子名称及功能。

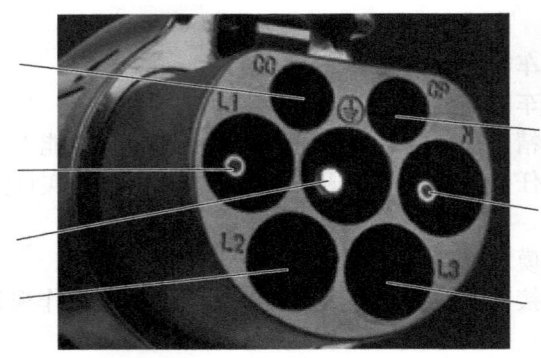

9）写出直流充电接口各端子名称及功能。

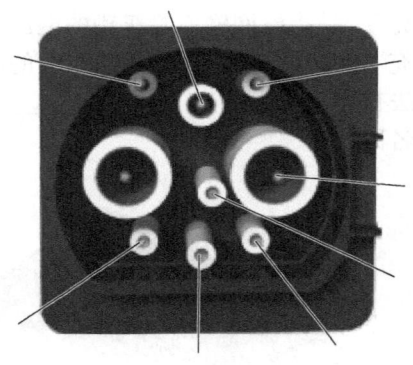

［查阅资料］
新能源汽车充电技术的发展趋势。

（2）学生练习给新能源汽车充电，并完成表 7-1-1 的填写。

表 7-1-1　任务表

任务名称		日期	
第____小组成员			
实训内容			
引导问题	阅读教材并填写		
查阅资料	上网查阅资料并填写		
交流充电	学生练习给新能源汽车交流充电		
直流充电	学生练习给新能源汽车直流充电		

4. 任务评价

任务评价内容及标准见表 7-1-2。

表 7-1-2　任务评价内容及标准

序号	项目	操作内容	分值	评分标准	得分
1	准备	清理工位	5	酌情扣分	
2	引导问题	阅读教材填写	38	每空（个）1分	
3	查阅资料	上网查阅资料并填写	6	视情扣分	
4	交流充电	按流程规范充电	13	视情扣分	
5	直流充电	按流程规范充电	13	视情扣分	
6	完成时间	40min	10	超时 1~5min 扣 1~5 分 超时 5min 以上扣 10 分	
7	安全文明	无安全隐患，无不文明操作	5	未达标扣 1~5 分	
8	结束	充电设备归位，工作场地清洁	10	视情扣分	
	总分		100		

4. 纯电动汽车按车载电源数目分为_____纯电动汽车和_____纯电动汽车两种。
5. 多电源纯电动汽车采用动力蓄电池加_____或动力蓄电池加_____的电源组合。
6. 纯电动汽车按驱动系统组成和布置形式分为_____、无变速器型、无差速器型和_____四种。
7. 纯电动汽车的电机相当于燃油汽车的_____，动力蓄电池相当于燃油汽车的_____。
8. 纯电动汽车电机的作用是将_____变换为_____驱动汽车行驶，也可以作为_____将机械能变换为电能，并储存在动力蓄电池内。
9. 纯电动汽车行驶系统和燃油汽车行驶系统相似，主要包括_____、车桥、_____和悬架等。
10. 纯电动汽车一般采用_____转向系统。
11. 纯电动汽车制动系统的真空助力器是利用_____产生的真空度来助力。
12. 目前可以选择的制冷空气调节方式主要有_____制冷、_____制冷和_____制冷三种。
13. 纯电动汽车的暖风由_____提供。
14. 纯电动汽车按电机的安装位置不同，布置形式有_____、后置后驱、_____和轮毂电机四种。

二、单项选择题

1. 纯电动汽车的动力装置是（　　）。
A. 电机　　　　　　B. 电机控制器　　　　C. 减速器　　　　　D. 动力蓄电池
2. 未来会成为纯电动汽车主流的布置方案是（　　）。
A. 前置前驱　　　　B. 后置后驱　　　　　C. 四轮驱动　　　　D. 轮毂电机
3. 不属于纯电动汽车动力性评价指标的是（　　）。
A. 最高车速　　　　B. 最大爬坡度　　　　C. 续驶里程　　　　D. 加速时间

三、简答题

1. 简述纯电动汽车的特点。
2. 简述纯电动汽车前置前驱的特点。
3. 简述纯电动汽车后置后驱的特点。
4. 简述纯电动汽车四轮驱动的特点。

模块六

燃料电池汽车

> 🟢 **学习目标**
>
> 1. 能说出燃料电池汽车的类型。
> 2. 能描述燃料电池汽车的结构与原理。
> 3. 树立"绿色"的生态文明理念。

单元一　燃料电池汽车的类型

一、燃料电池汽车按用途分

燃料电池汽车按用途分有燃料电池轿车、燃料电池货车和燃料电池客车，如图 6-1 所示。

a) 燃料电池轿车

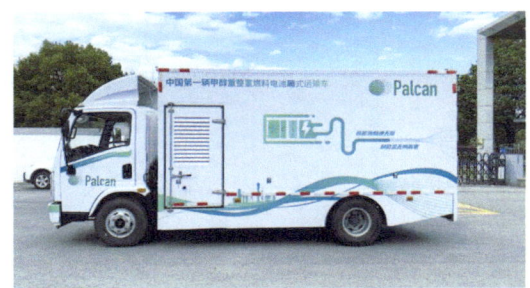
b) 燃料电池货车

c) 燃料电池客车

图 6-1　燃料电池汽车按用途分

二、燃料电池汽车按燃料特点分

燃料电池汽车按燃料特点可分为直接燃料电池汽车和重整燃料电池汽车两种。

1. 直接燃料电池汽车

直接燃料电池汽车的燃料主要是氢气。直接燃料电池汽车排放无污染，被认为是最理想的汽车，但存在氢的制取和储存困难等缺点。

2. 重整燃料电池汽车

重整燃料电池汽车的燃料主要有汽油、天然气、甲醇、甲烷和液化石油气等。重整燃料电池汽车的结构比氢燃料电池汽车复杂得多。

三、燃料电池汽车按燃料氢的储存方式分

燃料电池汽车按燃料氢的储存方式可分为压缩氢（CNG）燃料电池汽车、液氢（LNG）燃料电池汽车和合金（碳纳米管）吸附氢燃料电池汽车三种。

四、燃料电池汽车按多电源的配置不同分

燃料电池汽车按多电源的配置不同分为以下四种：

1. 纯燃料电池驱动（PFC）的燃料电池汽车

纯燃料电池汽车只有燃料电池一个能量源，汽车的所有功率负荷都由燃料电池承担。纯燃料电池汽车的动力系统，如图 6-2 所示。

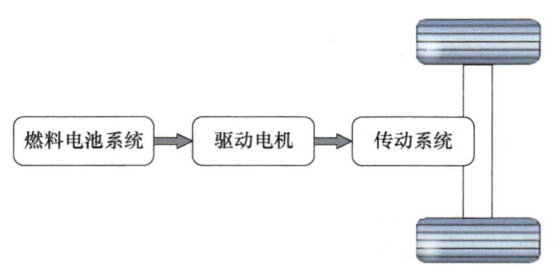

图 6-2　纯燃料电池汽车的动力系统

燃料电池系统将氢气与氧气反应产生的电能通过总线传给驱动电动机，驱动电动机将电能转化为机械能再传给传动系统，从而驱动汽车行驶。

纯燃料电池驱动的优点是：系统结构简单，便于实现系统控制和整体布置；系统部件少，有利于整车的轻量化；较少的部件使整体的能量传递效率高，从而提高整车的经济性。

纯燃料电池驱动的缺点是：由于燃料电池的功率很大，导致燃料电池制造成本上升及整车质量增加，引起整车消耗的功率增加；尽管燃料电池系统效率较高，但燃料电池系统的氢气消耗量会增加，进而增加整车单位里程消耗的燃料，增加运营成本；当汽车功率需求较大时，燃料电池易发生过载，难以满足动态响应要求，系统寿命较短；系统无法实现再生制动。

基于这些不利因素，一般情况下不采用单独燃料电池驱动的方式。为了有效地解决上述问题，目前的燃料电池电动汽车主要采用的是混合驱动形式，必须使用辅助能量储存系统作为燃料电池系统的辅助动力源，即在燃料电池的基础上增加了一组电池或超级电容作为另一个动力源，和燃料电池联合工作，组成混合驱动系统共同驱动汽车。

2. 燃料电池与动力蓄电池联合驱动（FC+B）的燃料电池汽车

FC+B 的燃料电池汽车的动力系统，如图 6-3 所示。燃料电池和动力蓄电池一起为驱动电机提供能量，驱动电机将电能转化为机械能再传给传动系统，从而驱动汽车行驶。在汽车制动时，驱动电机变成发电机，动力蓄电池将储存回馈的能量。在燃料电池和动力蓄电池联合供能时，燃料电池的能量输出变化较为平缓，随时间变化波动小，而能量需求变化的高频部分由动力蓄电池分担。

FC+B 联合驱动的优点是：由于增加了价格相对低廉得多的动力蓄电池，从而大大地降低了整车成本，且动力蓄电池技术比较成熟，可以在一定程度上弥补燃料电池技术上的不足；燃料电池单独或与动力蓄电池共同提供持续功率，而且在车辆起动、爬坡和加速等有峰值功率需求时，动力蓄电池可以单独输出能量或者提供峰值功率；制动能量回馈的采用可以回收汽车制动时的部分动能，该措施可能会提高整车的能量效率。燃料电池可以在比较好的

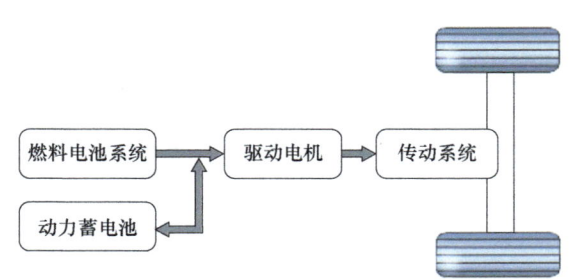

图 6-3 FC+B 的燃料电池汽车的动力系统

设定工作条件下工作，工作时燃料电池的效率较高；系统对燃料电池的动态响应性能要求较低。

FC+B 联合驱动的缺点是：动力蓄电池的使用使整车的质量增加，动力性和经济性受到影响，这点在能量复合型混合动力汽车上表现得更为明显；动力蓄电池充放电过程会有能量损耗；系统变得复杂，系统控制和整体布置难度增加。

采用 FC+B 动力系统的燃料电池汽车比较典型的车型是奔驰 B 级燃料电池汽车，这款车将燃料电池汽车家族的车型范围拓展到运动旅行车。作为一款适合旅行、家庭和休闲的 B 级车，采用了奔驰创新的夹层式车身结构。这种独特的设计，非常便于应用燃料电池动力系统。

3. 燃料电池与超级电容联合驱动（FC+C）的燃料电池汽车

FC+C 的燃料电池这种结构形式与燃料电池+蓄电池的结构相似，只是把动力蓄电池换成了超级电容，如图 6-4 所示。相对于蓄电池，超级电容充放电效率高，能量损失小，比蓄电池功率密度大，在回收制动能量方面比蓄电池有优势，循环寿命长，但是超级电容的能量密度较小。随着超级电容技术的不断进步，这种结构将成为重要的研究课题及发展方向。

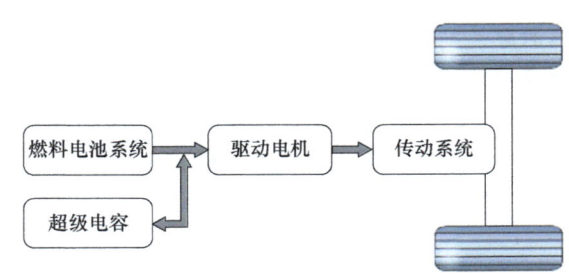

图 6-4 FC+C 的燃料电池汽车的动力系统

4. 燃料电池与动力蓄电池和超级电容联合驱动（FC+B+C）的燃料电池汽车

FC+B+C 的燃料电池汽车的动力系统，如图 6-5 所示。燃料电池、动力蓄电池和超级电容一起为驱动电机提供能量，驱动电机将电能转化成机械能传给传动系统，从而驱动汽车行驶；在汽车制动时，驱动电机变成发电机，动力蓄电池和超级电容将储存回馈的能量。在采用燃料电池、动力蓄电池和超级电容联合供能时，燃料电池的能量输出较为平缓，随时间变化波动较小，而能量需求变化的低频部分由动力蓄电池承担，能量需求变化的高频部分由超级电容承担。这种结构各动力源的分工更加明细，因此它们的优势也得到了更好的发挥。

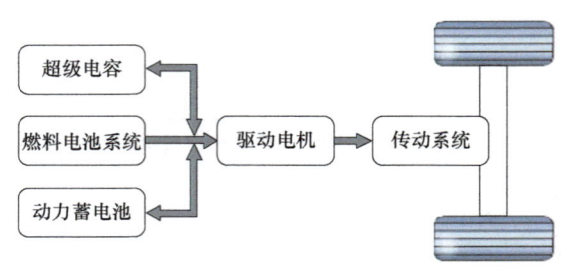

图 6-5　FC+B+C 的燃料电池汽车的动力系统

FC+B+C 结构的优点相比燃料电池+动力蓄电池的结构形式的优点更加明显，尤其是在部件效率、动态特性和制动能量回馈等方面更有优势。缺点是增加了超级电容，整个系统的质量将可能增加；系统更加复杂化，系统控制和整体布置的难度也随之增大。

总的来说，如果能够对系统进行很好的匹配和优化，这种结构在给汽车带来良好的性能方面具有很大的吸引力。

FC+B、FC+C 和 FC+B+C 三种混合驱动中，FC+B+C 组合被认为是最好的，但成本最高，结构和控制也最为复杂。目前燃料电池汽车动力系统的一般结构是 FC+B 组合。

知识窗

中国燃料电池汽车

在中国国家"863"高技术项目、"十五规划"的电动汽车重大科技专项与"十一五规划"节能与新能源汽车重大项目的支持下，通过产学研联合研发团队的刻苦攻关，中国的燃料电池汽车技术研发取得重大进展，初步掌握了整车、动力系统与核心部件的核心技术，基本建立了具有自主知识产权的燃料电池轿车与燃料电池城市客车动力系统技术平台，也初步形成了燃料电池、动力蓄电池、DC/DC 变换器、驱动电机、供氢系统等关键零部件的配套研发体系，实现了百辆级动力系统与整车的生产能力。中国燃料电池汽车正处于商业化示范运行考核与应用的阶段，已在北京奥运燃料电池汽车规模示范、上海世博燃料电池汽车规模示范、UNDP 燃料电池城市客车示范以及"十城千辆"、广州亚运会、深圳大运会等示范应用中取得了良好的社会效益。

单元二　燃料电池汽车的结构与原理

一、燃料电池汽车的特点

1. 燃料电池汽车的优点

1）来源广。氢气为可再生能源，来源范围较广。

2）无污染。氢燃料电池产物为水，无有害物质生成。

3）更安全。相对于燃油和锂离子蓄电池，氢气极易消散，道路使用更为安全。

4）长续驶。车载续驶里程可达 500~1000km。

5）加氢快。相较于锂离子蓄电池充电，加氢更为方便、快捷，3~5min 即可加满。
6）效率高。燃料电池变换效率可达 60%~80%，是发动机效率的 2~3 倍。
7）噪声低。燃料电池结构简单，运行部件少，噪声低。
8）易建设。燃料电池具有组装式结构，安装维修方便。

2. 燃料电池汽车的缺点

1）能量密度低。燃料电池的能量密度低，同样功率的汽车需要的电池体积越大。
2）成本高。燃料电池汽车的制造成本和使用成本过高，这也是燃料电池汽车未能推广应用的最大因素之一。高成本的制造很难完成市场化推广，从而也无法实现市场化也就不可能大规模批量生产。
3）制造工艺复杂。由于要求严格的密封，使燃料电池的制造工艺很复杂，并给使用和维护带来困难。

二、燃料电池汽车的结构

燃料电池汽车是电动汽车的一种，其核心部件是燃料电池。

无论是燃料电池轿车、燃料电池货车或燃料电池客车，其结构都大致相同，其主要由动力蓄电池、高压储氢罐、燃料电池、传动分配装置、电动机和电机控制器等组成，如图 6-6 所示。

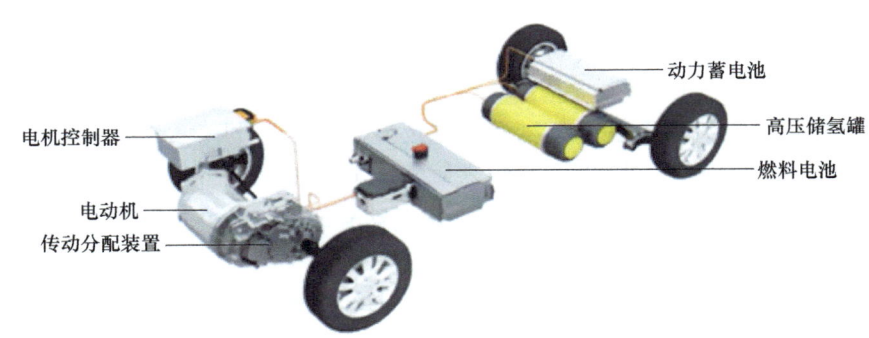

图 6-6　氢燃料电池电动汽车的结构

1. 动力蓄电池

动力蓄电池与飞轮储能器或超级电容等共同组成双电源系统，它把燃料电池产生的电能储存起来。

2. 高压储氢罐

高压储氢罐是气态氢的储存装置，用于给燃料电池供应氢气。

3. 燃料电池

燃料电池是燃料电池电动汽车的主要能量源，它是一种不燃烧燃料而直接以电化学反应方式将化学能转化为电能的高效发电装置，相当于燃油汽车的发动机。

4. 传动分配装置

传动分配装置是将电动机发出的动力传给汽车的驱动车轮，产生驱动力，使汽车能在一定速度上行驶。

5. 电动机

电动机的主要作用是利用电能转化为机械能，驱动汽车行驶。

6. 电机控制器

电机控制器的主要作用是将动力蓄电池的直流电逆变成三相交流电，并在车辆行驶过程中，调整频率升降，从而改变车辆的行驶速度。

三、燃料电池汽车的原理

1. 燃料电池发电的基本原理

燃料电池是一种不燃烧燃料而直接以电化学反应方式将燃料的化学能转变为电能的高效发电装置。车载燃料电池装置所使用的燃料为高纯度氢气或含氢燃料经重整所得到的高含氢重整气。

质子交换膜燃料电池发电的基本原理，如图6-7所示。电池的阳极（燃料极）输入氢气（燃料），氢分子（H_2）在阳极催化剂的作用下被离解成为氢离子（H^+）和电子（e^-），H^+穿过燃料电池的电解质层向阴极（氧化极）方向

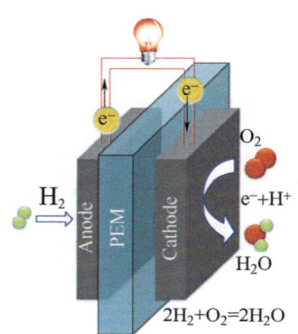

运动，e^-因通不过电解质层而由一个外部电路流向阴极；在电池阴极输入氧气（O_2），氧气在阴极催化剂的作用下离解成为氧原子（O），与通过外部电路流向阴极的e^-和燃料穿过电解质的H^+结合生成稳定结构的水（H_2O），完成电化学反应放出热量。这种电化学反应与氢气在氧气中发生的剧烈燃烧反应是完全不同的，只要阳极不断输入氢气，阴极不断输入氧气，电化学反应

图6-7 质子交换膜燃料电池发电的基本原理

就会连续不断地进行下去，e^-就会不断通过外部电路流动形成电流，从而连续不断地向汽车提供电力。

与传统的导电体切割磁感线的回转机械发电原理也完全不同，这种电化学反应属于一种没有物体运动就能获得电力的静态发电方式。因而，燃料电池具有效率高、噪声低和无污染物排出等优点，这确保了燃料电池汽车成为真正意义上的高效和清洁汽车。

2. 燃料电池汽车的工作过程

作为燃料的氢在汽车搭载的燃料电池中，与大气中的氧气发生氧化还原的化学反应，产生出电能来带动电动机工作，由电动机带动汽车中的机械传动机构，从而带动汽车的驱动桥工作，驱动电动汽车行驶。

一、填空题

1. 燃料电池汽车按用途分有燃料电池_____、燃料电池_____和燃料电池_____。

2. 燃料电池汽车按燃料特点可分为_____电动汽车和_____电动汽车两种。

3. 直接燃料电池电动汽车的燃料主要是_____。

4. 燃料电池汽车按燃料氢的储存方式可分为_____电动汽车、_____电动汽车和_____电动汽车三种。

5. 纯燃料电池汽车只有燃料电池一个_____。

6. 燃料电池汽车是电动汽车的一种，其核心部件是_____。

7. 燃料电池相当于燃油汽车的_____。

8. 燃料电池是一种不燃烧燃料而直接以电化学反应方式将燃料的_____转变为_____的高效发电装置。

二、单项选择题

1. 只有一个能量源的燃料电池汽车是（　　）。
   A. FC+B 的燃料电池汽车　　　　　B. FC+C 的燃料电池汽车
   C. PFC 的燃料电池汽车　　　　　　D. FC+B+C 的燃料电池汽车

2. 目前燃料电池汽车动力系统的一般结构是（　　）。
   A. PFC　　　　B. FC+B　　　　C. FC+C　　　　D. FC+B+C

3. 燃料电池汽车的主要能量源是（　　）。
   A. 燃料电池　　B. 动力蓄电池　　C. 高压储氢罐　　D. 电动机

4. 燃料电池发电的基本原理是（　　）。
   A. 燃料燃烧　　B. 电磁感应原理　　C. 欧姆定律　　D. 电化学反应

三、简答题

1. 简述燃料电池汽车的分类方法。

2. 简述燃料电池汽车的特点。

3. 简述燃料电池发电的基本原理。

模块七

新能源汽车的充换电技术

> ▶ **学习目标**
>
> 1. 能说出新能源汽车补充电能的方式。
> 2. 能描述新能源汽车充电的方法。
> 3. 培养严谨认真、精益求精的意识，争做大国工匠和高技能人才。

单元一　新能源汽车的电能补充方式

一、新能源汽车补充电能的方式

目前，新能源汽车动力蓄电池补充电能的方式有换电和充电两种。

换电是一种动力蓄电池快速更换的方式，指在动力蓄电池更换站内将电量充足的动力蓄电池替换车上电量不足的动力蓄电池。这样，可有效克服现阶段动力蓄电池性能的限制，为电动汽车的运行创造有利条件。底盘换电速度很快，可实现全自动换电，目前底盘换电时间可控制在 3min 内。

电动汽车充电的方式可分为交流充电、直流充电和无线充电三种。

典型纯电动汽车充电系统的组成，如图 7-1 所示。它主要由直流充电接口、直流充电线束、动力蓄电池、交流充电接口、交流充电线束、车载充电机和电池管理器等组成。

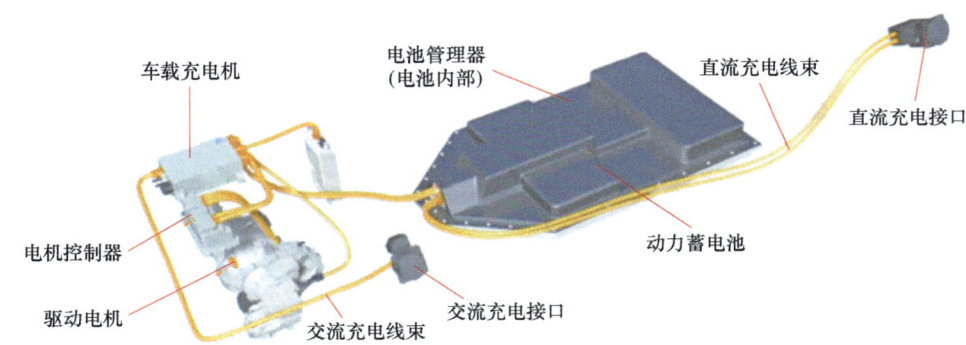

图 7-1　典型纯电动汽车充电系统的组成

二、充电接口

世界上不同的国家和地区对充电接口都有各自的标准。目前，美国、欧洲和中国三大充电接口标准已成为主要标准。国家标准 GB/T 20234.3—2023 规定了交流与直流接口的标准，交流充电接口采用七针的设计，如图 7-2 所示。

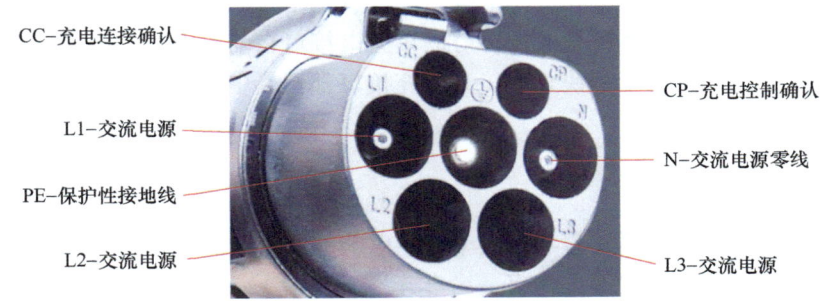

图 7-2　交流充电接口

交流充电接口各端子的含义，见表7-1。

表7-1 交流充电接口各端子的含义

端子编号/功能	CC	CP	N	PE	L1、L2和L3
功能含义	充电连接确认	充电控制确认	交流电源零线	保护性接地线	交流电源相线

直流充电接口采用九针的设计，如图7-3所示。

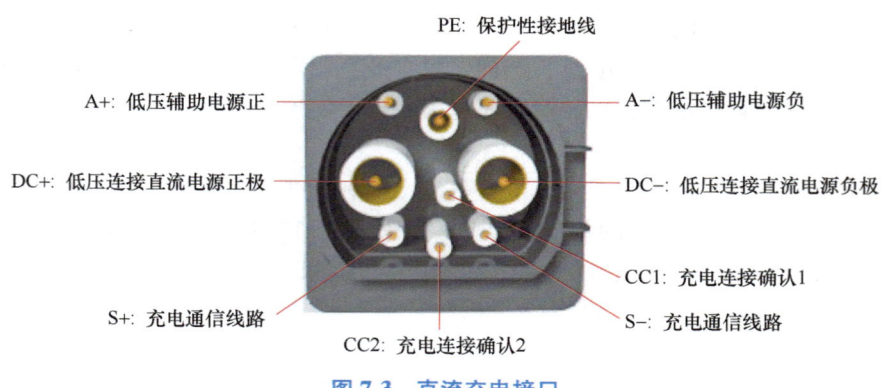

图7-3 直流充电接口

直流充电接口各端子的含义，见表7-2。

表7-2 直流充电接口各端子的含义

端子编号/功能	功能含义
A+	低压辅助电源正，非车载充电机为电动汽车提供的低压辅助电源
A−	低压辅助电源负，非车载充电机为电动汽车提供的低压辅助电源
PE	保护接地，连接供电设备地线和车辆底盘地线
DC+	直流电源正，连接直流电源正与动力蓄电池正极
DC−	直流电源负，连接直流电源负与动力蓄电池负极
CC1	充电连接确认1
CC2	充电连接确认2
S+	充电通信CAN-H，连接非车载充电机与电动汽车的通信线
S−	充电通信CAN-L，连接非车载充电机与电动汽车的通信线

新能源汽车根据车型品牌不同，充电接口的位置也不相同。有的车充电接口在车头中网位置，有的车充电接口在车尾后轮上方，有的车充电接口在前轮上方。另外，有的车型快充接口和慢充接口分离，有的车型快充接口和慢充接口都位于中网，如图7-4所示。

三、充电站

1. 充电站的定义

充电站是采用整车充电模式为电动汽车提供电能的场所，如图7-5所示。充电站主要由三台及以上电动汽车充电设备（至少有一台非车载充电机），以及相关的供电设备、监控设备等组成。充电站由配电系统、充电系统、计量计费系统、监控与通信系统和配套设施等部分组成。

图 7-4 充电接口的位置

图 7-5 充电站

2. 充电站的分类

根据配电容量及充电设备的数量，电动汽车充电站可分为大型、中型和小型三类。

（1）大型充电站　　大型充电站是指配电容量大于或等于 500kV·A，具备为各类乘用车和商用车充电的能力，充电设备数量不少于 10 台。

（2）中型充电站　　中型充电站是指配电容量大于或等于 100kV·A 且小于 500kV·A，充电设备数量不少于 3 台。

（3）小型充电站　　小型充电站是指配电容量小于 100kV·A，充电设备数量不少于 3 台。

四、电池更换站

1. 电池更换站的定义

电池更换站是指采用电池更换方式为电动汽车提供电能供给，并能够在换电过程中对更换设备和动力蓄电池进行状态监控的场所，如图 7-6 所示。

2. 电池更换站的分类

（1）根据功能不同分　　电动汽车电池更换站根据功能不同可分为以下三类：

1）电池更换站（换电站）。可以对动力蓄电池进行充电，也可以为电动汽车提供换电服务。

图 7-6 电池更换站

2）电池配送中心。对动力蓄电池集中进行充电，并为电池配送站提供动力蓄电池的场所，是电池更换站的一种特殊形式。

3）电池配送站。通过配送方式获得动力蓄电池，并为电动汽车提供电池更换服务的场所，是电池更换站的一种特殊形式。

（2）根据服务的电动车辆类型分　　电动汽车电池更换站根据服务的电动车辆类型分为以下三类：

1）乘用车电池更换站。具备乘用车电池更换和电池充电的功能，并具备一定范围的电池配送能力的电池更换站。

2）商用车电池更换站。具备商用车电池更换和电池充电的功能，并具备一定范围的电池配送能力的电池更换站。

3）综合型电池更换站。同时具备乘用车和商用车电池更换及电池充电的功能，并具备辐射本地区的电池配送能力的电池更换站。

3. 电动汽车换电流程

电动汽车换电流程，如图 7-7 所示。

1）智能导航。结合车联网信息，APP 将驾驶人导航到换电站。

2）到站识别车牌。识别车牌，车辆与换电站主动联网。

3）驶入换电站进行换电。车辆定位，车辆准备，提示驾驶人松开驻车制动器，开始无感换电。

4）完成换电车辆自检。换电站与车辆通信，已完成换电，车辆进行自检，确认车辆状态正常。

5）驶出换电站结算订单。车辆自检完成，换电站闸机开启，驾驶人驶出换电站，驾驶人结算订单。

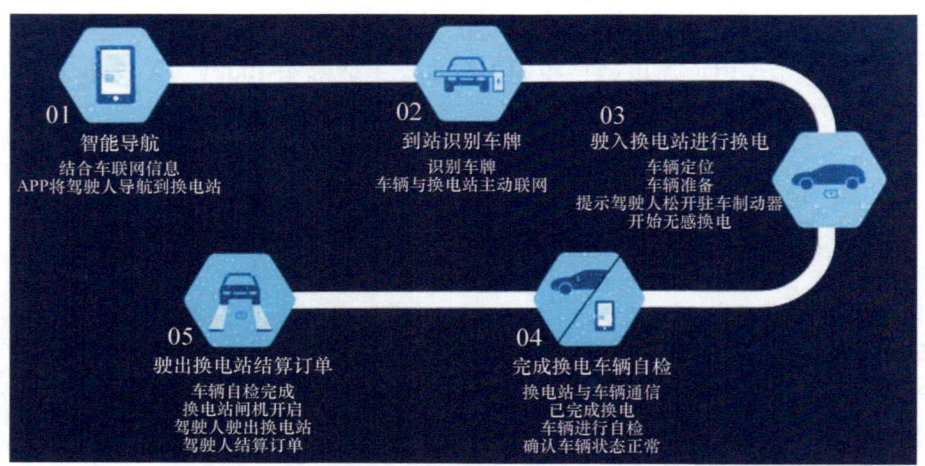

图 7-7　电动汽车换电流程

五、交流充电

1. 交流充电的定义

交流充电俗称为"慢充"，是指电网输入给车辆的电压为交流电，可以是 220V 单相交流电或 380V 三相交流电。交流电通过标准充电插头和充电插座，进入车载充电机，车载充电机再把交流电转化为直流电，给动力蓄电池充电，完成基本的交流电充电。交流充电电流相对较小，有利于延长动力蓄电池的使用寿命，且不易过热和发生故障。因此，建议车辆多采用交流充电模式。

2. 交流充电的组成

交流充电的部件主要有交流充电桩（或 220V 交流电源）、交流充电插座（交流充电插座线束）、充电线、车载充电机和车辆控制器（整车控制器、动力蓄电池管理系统）等，如图 7-8 所示。

其中，交流充电桩固定安装在电动汽车外，交流充电插座和车载充电机固定在车辆上，充电线随车配送。

（1）交流充电桩

1）交流充电桩的作用及类型。交流充电桩也是车辆连接外部电网的部件，直接给车载充电机提供220V交流或380V交流电源，如图7-9所示。交流充电桩也具有检测车辆和电网状态，连接或断开给车辆供电的功能。交流充电桩的供电电压有220V交流和380V交流，根据充电桩的输出功率而定。根据标准要求，如交流充电桩的输出电流大于32A时，供电电压必须采用380V交流。

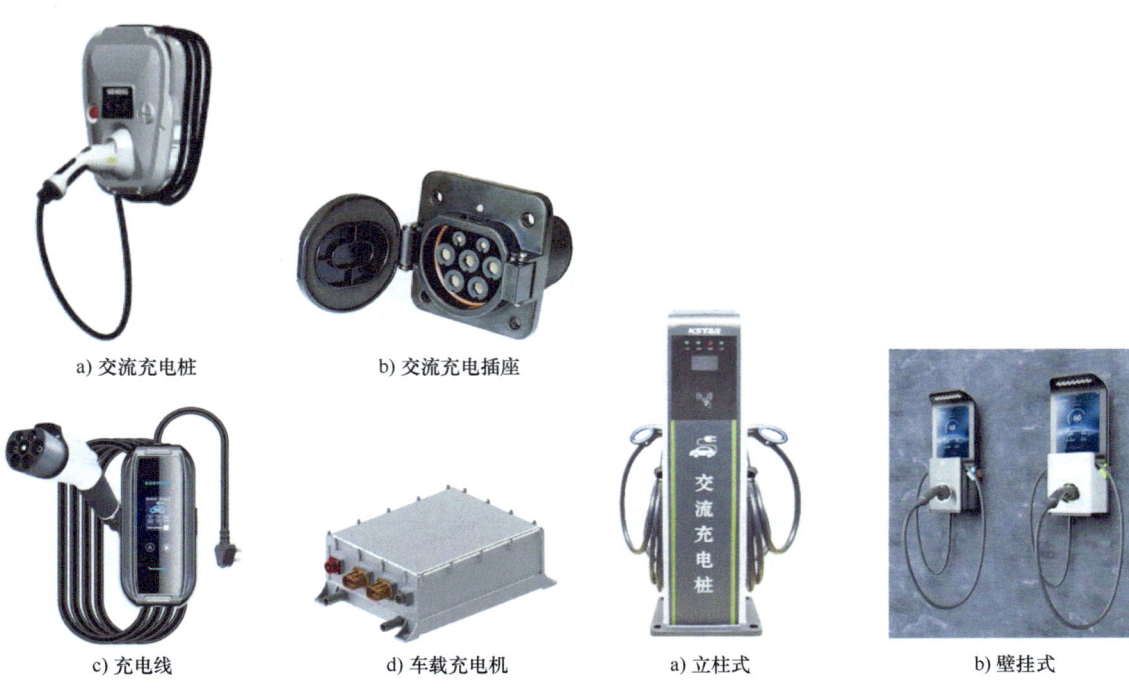

a) 交流充电桩　　b) 交流充电插座

c) 充电线　　d) 车载充电机　　a) 立柱式　　b) 壁挂式

图7-8　交流充电的组成　　　　图7-9　交流充电桩的类型

交流充电桩只提供电力输出，没有充电的功能，需要连接车载充电机才能为电动汽车动力蓄电池充电，交流充电桩只是起了一个控制电源的作用。交流充电的电压变化过程，如图7-10所示。

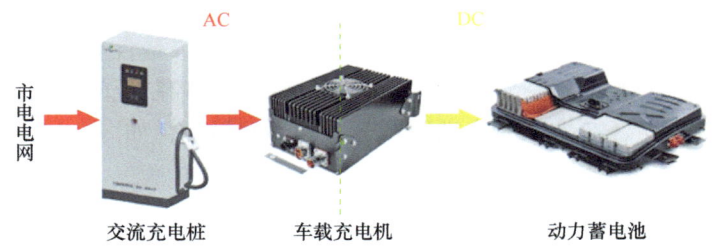

图7-10　交流充电的电压变化过程

2）交流充电桩电气拓扑结构，如图7-11所示。

交流充电桩内部元器件，见表7-3。

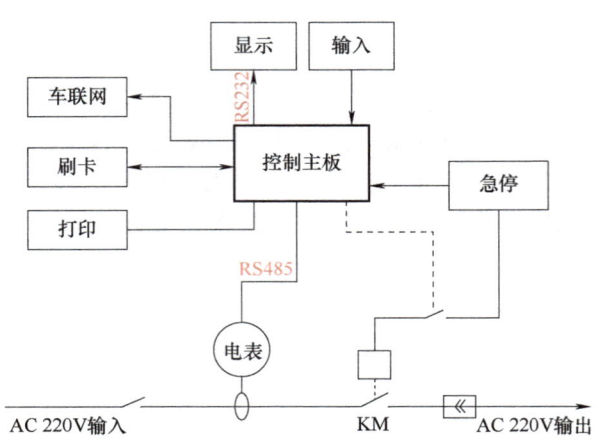

图 7-11 交流充电桩电气拓扑结构

表 7-3 交流充电桩内部元器件

序号	名称	用途
1	交流电表	测量电压和电流
2	控制主板	控制设备运行、联网和充电启停等
3	显示屏	人机界面、显示充电信息和计量计费信息等
4	读卡器	IC 卡刷卡启动，支持刷卡充电功能
5	急停旋钮	紧急停止充电功能
6	灯带	充电状态指示：正常、故障、充电中和电已充满
7	交流接触器	控制充电枪线输出电流、电压
8	充电枪线	与车辆连接，进行充电使用
9	喇叭	操作提示

3）交流充电桩的使用方法。

① 交流充电桩接通电源，合上供电开关，进入待机状态。

交流充电桩通过 220V 交流供电输入，经过交流电表测量电压和电流，通过 RS485 通信方式传输给控制主板。设备在正常待机状态下，显示屏进入屏保模式，减少待机功耗。

② 将交流充电桩上的充电连接线缆与充电车辆的交流充电接口可靠连接。

充电连接线缆与充电车辆的交流充电接口可靠连接后，屏幕自动亮起。通过充电连接线缆与车辆动力蓄电池管理系统进行信息交互。显示屏接收到控制板的信息，并在屏幕上显示"请刷卡启动""请扫码（二维码）启动"或者是两者都显示，如图 7-12 所示。

③ 用户刷卡进行界面操作及充电参数选择。

用户刷卡（扫描二维码或 APP 等）进入操作界面选择充电模式，此处选择固定金额，然后选择充电金额，如图 7-13 所示。

④ 开始充电，可根据充电面板的指示灯判知充电状态。

在充电过程中，控制主板通过 RS232 通信方式传输给显示屏，并在显示屏上显示充电电流、电压、电量、充电时间和充电金额等相关信息，如图 7-14 所示。

图 7-12　软件界面

a) 选择充电模式

b) 选择充电金额

图 7-13　选择充电参数

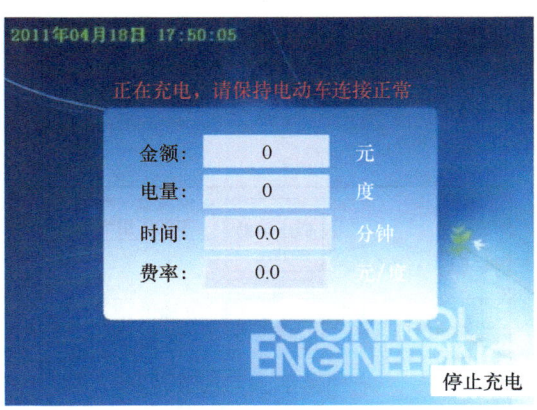

图 7-14　充电状态

⑤ 用户充电结束，交流充电桩关闭电流和电压输出，并结账。

充电状态时电子锁将对接头进行锁定，以确保充电安全。如在充电过程中发生故障，需要立即停止，按下充电桩上的急停按钮即可。

125

(2) 交流充电插座　交流充电插座是国家标准件,是车辆连接外部电网的接口,其接口有 2 个信号回路、1 个接地回路、1 个零线回路和 3 个相线回路,共 7 个接口,根据输入的电压是 220V 交流或 380V 交流,应用相应的相线接口,如图 7-15 所示。

(3) 充电线　充电线是连接外部电网和车辆的连接线,直接给车载充电机提供 220V 交流或 380V 交流电源,如图 7-16 所示。其线缆上的功能盒可检测车辆和电网状态,连接或断开给车辆的供电,具有一定的保护功能。

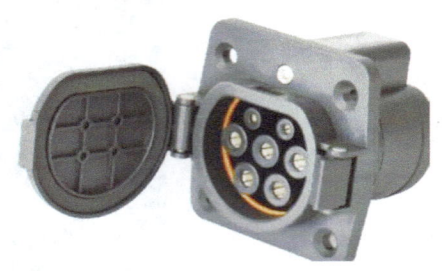

图 7-15　交流充电插座

(4) 车载充电机　车载充电机（OBC）是交流充电系统的关键部件,它固定安装在电动汽车上,如图 7-17 所示。车载充电机的主要作用是将来自电网的单相 220V 或三相 380V 交流电变换为直流电,给动力蓄电池充电。

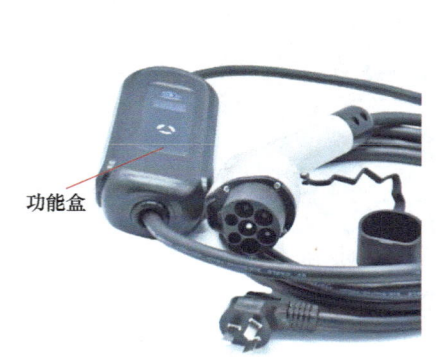

图 7-16　电动汽车充电线

图 7-17　车载充电机

1) 车载充电机的组成。车载充电机是由输入端口、控制单元、功率单元、低压辅助单元和输出端口组成的,如图 7-18 所示。

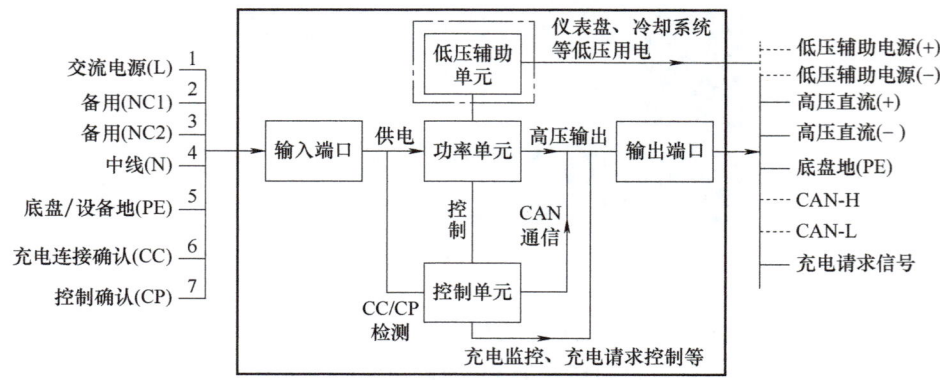

图 7-18　车载充电机连接示意图

① 输入端口。7 个 pin 口，三类连接，包括高压电源连接、高压中性线、车辆底盘地、低压信号的充电连接确认和控制确认。

标准的输入接口采用工频单相输入 220V 电压，但如果功率需要，也可以启用两个备用 pin 口（pin 口 NC1 和 NC2），可以实现 380V 输入。

② 控制单元。采样输出的电流和电压，经过处理后将实时值传递给 PID 控制回路（PID：一种闭环自动控制技术，是比例、积分和微分控制器的简称）。

由控制器比较测量值与期望值之间的差距，再将调节要求传递给 PWM 回路（PWM 脉冲宽度调制技术）。

用脉冲宽度变化去控制高压回路中功率器件开闭时间的长短，最终实现输出电流和电压尽量接近于主控系统要求的数值。

③ 低压辅助单元。是一个标准低压电源，输出电压为 12V 或者 24V 直流电，用于充电期间，给电动汽车上的用电器供电，比如动力蓄电池管理系统、热管理系统和汽车仪表等。

④ 功率单元。一般包括输入整流、逆变电路和输出整流三个部分，将输入的工频交流电转化成适合动力蓄电池系统电压的直流电。

⑤ 输出端口。这其中包括低压辅助电源正负极两个 pin 口、高压充电回路正负极两个 pin 口、底盘地、通信线 CAN-H 和 CAN-L、充电请求信号线。

高压充电回路两个 pin 口与动力蓄电池组（包）相连，充电请求信号线用于充电机的输入端口与外部电源之间完成充电连接确认以后，通过"充电请求信号线"向车辆控制器发送充电请求信号，同时或延时一小段时间后，用低压辅助电源给整车供电。

2）车载充电机系统。车载充电机系统分为主电路和控制电路两部分，如图 7-19 所示。主电路包括 EMI 滤波器、AC/DC 变换器、DC/DC 变换器和动力蓄电池；控制电路包括 AC/DC 控制器、DC/DC 控制器、检测电路和驱动电路，扩展功能还包括与动力蓄电池管理系统的通信。

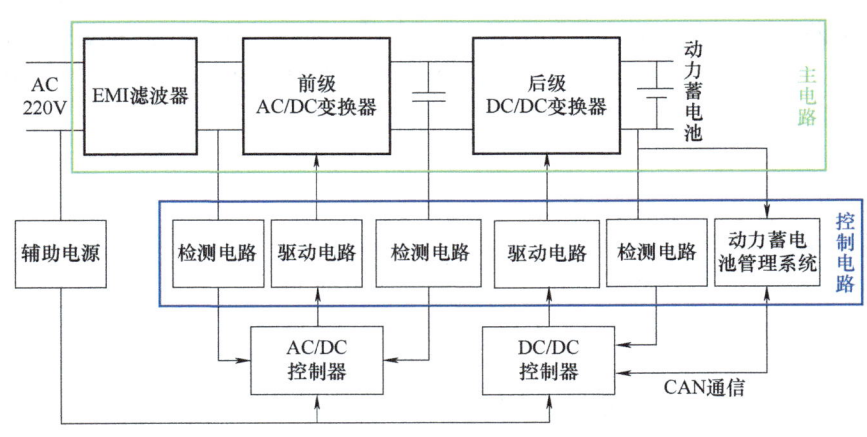

图 7-19 车载充电机系统

（5）车辆控制器　车辆控制器是实时监控车辆的状态，并发出控制指令给车载充电机，使其工作或停止工作，控制其工作电流和电压等，是车辆充电的控制大脑。车辆控制器需实时监控车辆的状态，例如动力蓄电池是否过热、过电压、过充、过电流和绝缘阻值是否下降等，是整车厂需要完善的控制策略，以保证充电安全。

3. 交流充电的电气原理

交流充电是国家标准的充电方式，其电气原理图、检测和控制要满足标准 GB/T 18487.1—2015《电动汽车传导充电系统第 1 部分：通用要求》的要求，如图 7-20 所示。除了满足国家标准要求外，不同汽车厂会根据项目需求，增加充电提示或显示的功能，方便客户查看充电状态。

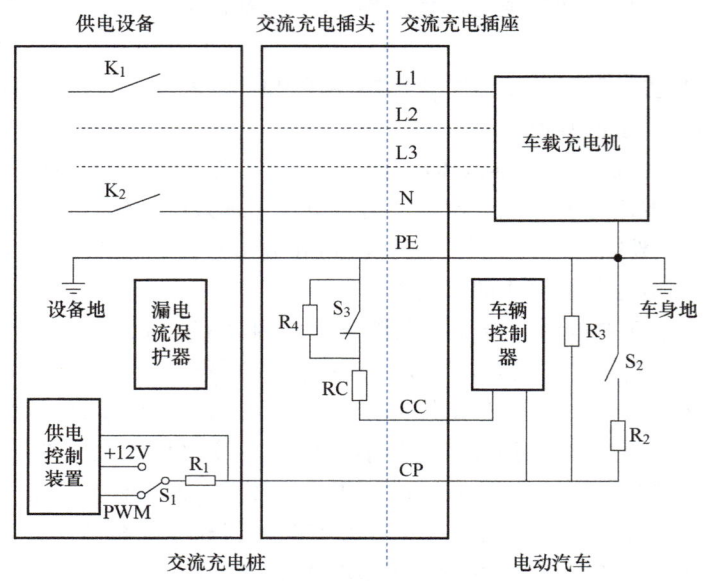

图 7-20 交流充电的电气原理图

根据标准要求，CC 信号是充电插头和充电插座是否连接的判断信号，同时车辆根据 CC 的信号值，判断 RC 阻值，确定线束的容量。CP 信号是判断供电设备的供电能力，通过 PWM 值确定。电气原理图中的各电阻值和 PWM 值都必须满足标准要求，且控制器必须按照标准进行判断，以满足车辆在市场上的充电需求。

4. 交流充电的控制策略

交流充电的控制策略和顺序如下：

1）车载充电机检测 CC 和 CP 信号，车载充电机可根据 CC 信号判断充电线的容量，根据 CP 信号，判断供电设备的供电能力。

2）车辆处于休眠或停车状态时，当充电插头插上充电插座时，车载充电机检测到 CC 或 CP，自身唤醒。

3）车载充电机自唤醒后，唤醒整车控制器和动力蓄电池管理系统。

4）整车控制器和动力蓄电池管理系统被唤醒后，开始进入交流充电模式，并检测车辆状态，即车辆是否有故障，动力蓄电池是否满电。

5）车载充电机反馈充电线束状态和供电设备信息给动力蓄电池管理系统。

6）动力蓄电池管理系统根据车载充电机反馈的信息和车辆的状态，发送开始充电或停止充电指令给车载充电机。

7）充电线或交流充电桩的供电控制装置，通过 CP 信号判断车辆状态，连接或断开 K_1 和 K_2，即连接或断开交流电的输入。

8）车载充电机根据接收到的指令，开始或停止工作，给车辆充电或停止充电进入休眠。

以上是交流充电过程的控制简述，而在整个充电的开始，车辆和交流充电桩（或充电线）都会先判断充电接口是否连接完好，车辆才会判断是否启动充电，所以客户必须插枪到位，这也是为了保证充电安全。在使用上，客户只需插枪，无须执行其他操作，车辆随即进入充电模式，开始充电，提高了客户使用的便利性。在实际使用中，如果车辆在充电过程，当电网没有电时，车辆会自动进入休眠，减少自身的能耗；当又来电时，车辆也会自动唤醒，并检测车辆状态，如车辆未满电时会继续充电，如已满电，会停止充电并进入休眠，减少能量消耗。

六、直流充电

1. 直流充电的定义

直流充电俗称为"快充"，是指外部电网输入给车辆的电压为直流电，即直流充电桩把 380V 三相交流电转化为直流电，通过标准直流充电插头和充电插座输送给车辆，直接给动力蓄电池充电，完成基本的直流充电。直流充电虽然能更快地完成充电，但对车辆的动力蓄电池损伤较大，也易发生过热，从而引发事故。

2. 直流充电的组成

直流充电的部件主要有直流充电桩、直流充电插座（直流充电插座线束）和车辆控制器（整车控制器、动力蓄电池管理系统）等，如图 7-21 所示。直流充电桩内部功能单元之间可互相通信，多个控制单元之间也需要进行数据交换，如多功能智能电表检测充电功率等。正常情况下智能电表有 RS485 接口，电源数据可以通过 RS485 发送到收费控制单元。收费控制单元可以实现检查用户信息、测量、扣除费用和打印账单等功能。

a）直流充电桩

b）直流充电插座

图 7-21　直流充电的组成

其中，直流充电桩固定安装在电动汽车外，直流充电插座固定在车辆上，直接连接动力蓄电池。

（1）**直流充电桩**　直流充电桩是一个大功率的非车载充电机，它的输入电压采用三相四线交流 $380 \times (1 \pm 15\%)$ V，频率为 50Hz，输出为可调直流电，通过标准充电插头和充电插座连接，直接给动力蓄电池充电。直流充电桩的工作功率一般都较大，因此大大缩短充电时间。

直流充电的电压变化过程，如图7-22所示。

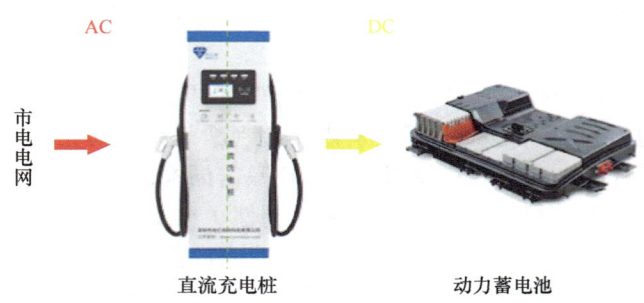

图7-22　直流充电的电压变化过程

（2）**直流充电插座**　直流充电插座是国家标准件，是电动汽车连接外部电网的接口，其有1路CAN通信回路（2个接口）、1路低压辅助供电回路（2个接口）、2个信号回路、1个接地回路和1正1负的2个高压回路，共9个接口，如图7-23所示。

（3）**车辆控制器**　车辆控制器是实时监控车辆状态，并根据国家标准GB/T 27930—2015《电动汽车非车载传导式充电机与电池管理系统之间的通信协议》协议格式和内容，发出控制指令给直流充电桩，使其工作或停止工作，控制其输出电流和电压等，是车辆充电的控制大脑。

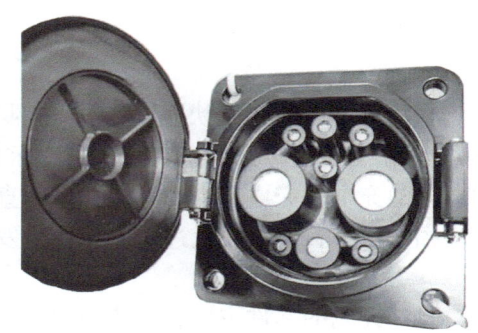

图7-23　直流充电插座

3. 直流充电的电气原理

在直流充电桩与电动汽车进行通信充电时，直流充电桩需要与电动汽车进行信息交换，以便充电桩能够识别插头的连接状态，检测电源连接是否存在漏电、断电等情况，如果没有任何问题就可以开始充电。

在直流充电桩工作时，辅助电源给主控单元、显示模块、保护控制单元、信号采集单元及刷卡模块等控制系统进行供电。另外，在动力蓄电池充电过程中，辅助电源给动力蓄电池管理系统供电，由动力蓄电池管理系统实时监控动力蓄电池的状态。

直流充电方式只有一种模式，即国家标准所述的充电模式4，其电气原理图如图7-24所示。直流充电是国家标准的充电方式，其电气原理图、检测和控制要满足标准GB/T 18487.1—2015《电动汽车传导充电系统　第1部分：通用要求》的要求。

根据标准要求，CC1信号是直流充电桩判断充电插头和充电插座是否连接的信号；CC2是车辆判断充电插头和充电插座是否连接的信号；S+和S−是CAN信号通道；A+和A−是辅助电源，提供12V或24V直流电。直流充电桩可通过A+和A−提供辅助电源，但在标准里并未强调一定要使用此辅助电源，车辆可根据实际需求应用。电气原理图中的各电阻值都必须满足标准要求，且控制器必须按照标准进行判断，以满足车辆在市场上的充电需求。

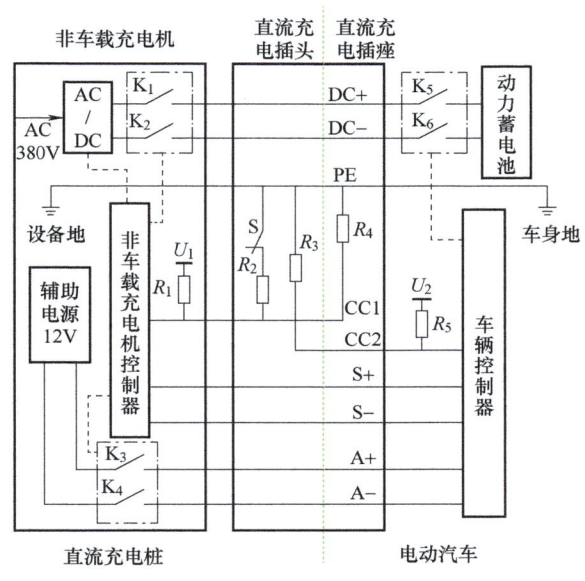

图 7-24 直流充电的电气原理图

4. 直流充电的控制策略

直流充电的电气原理不仅要满足标准的要求，与车辆控制器的通信协议也要必须符合国家标准格式和内容，车辆才可实现在市场上充电。以某个项目为例，充电是给动力蓄电池充电，为了便于执行控制，直接使用动力蓄电池的管理系统与直流充电桩进行信息交互和检测，整车控制器只作为辅助判断，其控制策略和顺序如下：

1）车辆未使用 A+和 A-辅助电源，因为此电源为车辆外部电压，其可靠性不稳定，因此未使用。

2）动力蓄电池管理系统检测 CC2 信号和通过 S+和 S-与直流充电桩进行信息交互。

3）车辆在休眠或停车状态时，当直流充电插头和直流充电插座接合时，动力蓄电池管理系统检测到 CC2 信号，自动唤醒。

4）动力蓄电池管理系统自动唤醒后，再唤醒整车控制器，车辆进入直流充电模式。

5）直流充电桩通过检测到 CC1 信号，判断充电插座和充电插头是否连接完全。

6）动力蓄电池管理系统和直流充电桩进行信息交互。

7）动力蓄电池管理系统根据直流充电桩反馈的信息和车辆状态进行判断，发送开始充电或停止充电信号给直流充电桩。

8）直流充电桩根据 CC1 信号和动力蓄电池管理系统反馈信息，执行充电或停止充电。

9）当充电完成或停止充电后，整车进入休眠，减少能量的消耗。

以上是简单的控制过程，在使用和操作要求上与交流充电相似。在直流充电过程中，当停止充电后，需重新拔枪再插枪，才可进行第二次充电，此方式区别于交流充电，也是为了保证充电安全。

七、无线充电

无线充电，如图 7-25 所示。电动汽车无线充电技术通过埋于地面下的供电导轨以高频交变磁场的形式将电能传输给运行在地面上一定范围内的车辆接收端电能拾取机构，进而给车载储能设备供电，可使电动汽车搭载少量动力蓄电池组，延长其续驶里程，同时，电能的补给更加安全和便捷。动态无线供电技术的主要参数指标有电能传输距离、功率、效率、耦合机构侧移适应能力和电磁兼容性等。因而，开发大功率、高效率、强侧移适应能力、低电磁辐射、成本适中的动态无线供电系统，成为国内外各大研究机构的主要研究热点。

图 7-25　无线充电

电动汽车无线充电技术具有方便和快捷的优点，但还处于研发和探索阶段，在实用化方面还有大量的工作要做。此外，根据当前能源匮乏的实际情况，电动汽车实现大功率无线充电技术的产业化运作还为时过早，但作为未来灵活的充电方式，进行前期探索很有必要。随着该技术的不断完善，同时结合中国智能电网的建设，其在电动汽车智能充换电服务网络方面的应用必将大大推动电动汽车的大规模应用。

中国电动汽车充电技术的几个发展趋势值得关注：一是大功率充电技术向兆瓦级方向发展，大功率模块技术创新的重要性凸显；二是无线充电技术在普及性、安全性和标准化等方面不断突破；三是换电技术需要重点解决兼容性、互换性和商业化等难点问题；四是车网互动技术需要加快完善智能有序充电相关标准，完善配套政策机制和建设运营模式，在2025年实现重点区域应用和参与电力交易的试点并率先在重点区域实现 V2G 商用试点。

单元二　新能源汽车的充电

一、新能源汽车充电的方法

新能源汽车充电的方法有恒流充电法、恒压充电法和恒流限压充电三种。

1. 恒流充电法

恒流充电法是指充电过程中使充电电流保持不变的充电方法。恒流充电是一种标准的充电方法，如图 7-26 所示。

优点：恒流充电具有较大的适应性，容易将动力蓄电池完全充足，有益于延长动力蓄电池的使用寿命。

缺点：在充电过程中，需要根据逐渐升高的动力蓄电池电动势调节充电电压，以保持充电电流不变，充电时间也较长。

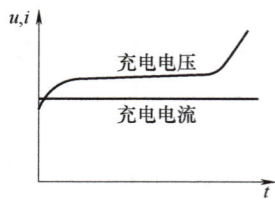

图 7-26　恒流充电法

2. 恒压充电法

恒压充电法是指充电过程中保持充电电压不变，充电电流随动力蓄电池电动势的升高而减小的充电方法，如图 7-27 所示。合理的充电电压，应在动力蓄电池即将充足时使其充电电流趋于零。如果电压过高会造成充电初期充电电流过大和过充电，如果电压过低则会使动力蓄电池充电不足。充电初期若充电电流过大，则应适当调低充电电压，待动力蓄电池电动势升高后再将充电电压调整到规定值。

优点：充电时间短，充电过程无须调整电压，较适合于补充充电。

缺点：不容易将动力蓄电池完全充足，充电初期大电流对极板会有不利影响。

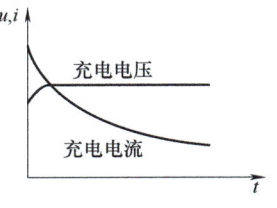

图 7-27 恒压充电法

3. 恒流限压充电

先以恒流方式进行充电，当动力蓄电池组端电压上升到限压值时，充电机自动变换为恒压充电，直到充电完毕。锂离子蓄电池通常采用恒流转恒压充电模式，首先用 1C 充电速率充电，在此过程中充电电流稳定不变，电池电压逐渐上升；当单体电池的电压上升到 4.1V 或 4.2V 时，充电机应立即转入恒压充电，充电电压波动应控制在 50mV 以内。在恒压充电过程中，充电电流逐渐减小，当电池充足电时，电流下降到涓流充电电流。用这种方法，约 2h 动力蓄电池可充到额定容量。

二、动力蓄电池充电的注意事项

动力蓄电池充电的注意事项如下：
1）与易燃物品保持充足安全距离。
2）在不了解的充电基础设施/插座上充电时，遵守用户手册内的特殊说明。
3）反复出现充电中断情况时，联系具有相应资质的维修人员。
4）不允许使用外接插线板插接随车充电设备，必须直接连接在墙壁电气插座上。
5）不要使用损坏的充电电缆或插座。
6）根据高压蓄电池提出的冷却要求，可在充电期间起动电子风扇、电动制冷剂压缩机或不同电动冷却液泵。
7）清洗车辆时严禁充电操作。

三、充电系统的维护

1. 正确掌握充电时间

新车后必须及时补充电能，保持动力蓄电池在充满状态。充电时间不宜过长，否则会形成过度充电，使车辆动力蓄电池发热。

2. 保护好充电机

充电时要保持充电机的通风，否则既影响充电机的寿命，还可能发生热漂移影响充电，对动力蓄电池造成损伤。

3. 定期深放电

动力蓄电池定期进行一次深放电也有利于"活化"电池，此举可以略微提升动力蓄电池的容量。

4. 保持电能充足

纯电动汽车在日常使用中，要保持动力蓄电池的足电状态，控制好车速，最佳行驶里程为最长行驶里程的 1/3~2/3。

5. 避免充电时插头发热

电源插头或充电机输出插头松动、接触面氧化等现象都会导致插头发热，发热时间过长会使插头短路或接触不良，损害充电机和动力蓄电池，带来不必要的损失。

6. 严禁存放时亏电

车辆动力蓄电池存放时严禁处于亏电状态。

7. 避免大电流放电

纯电动汽车在起步时，要均匀加速，尽量避免猛踩加速踏板，形成瞬间大电流放电。

知识窗

中国电动汽车充换电技术发展迅速

充电时间长、充电体验差一直是全球电动汽车充电服务的痛点。为解决这一痛点，中国在电动汽车的充电技术和标准制定上投入了巨大力量，在超级快充技术和标准上取得新突破。

由中国牵头编制的下一代电动汽车直流充电 ChaoJi 充电接口标准 IEC PAS 63454 正式出版，在世界电动汽车充换电领域下一代技术竞争中取得重大突破。与此同时，国际标准 IEC PAS 61851-1-1 的正式出版，标志着在中国广泛使用的交流充电接口正式写入国际标准，成为国际通行技术方案之一。

10 余年来，中国在电动汽车充换电领域共牵头发布了包括 IEC 62840 系列、IEC 63119 系列、IEC TS 63066 等在内的 8 项国际标准和一份技术报告，涵盖了电动汽车电池更换技术、交流充电技术、直流充电技术和电动汽车运营信息交互等各个重要领域，实现全面突破。中国已经成为国际电动汽车领域的重要参与者。

截至 2022 年年底，中国新能源汽车及充换电领域标准已达 228 项。其中，国家标准 137 项，行业标准 91 项，涵盖基础通用、整车、关键总成、充电基础设施、接口与界面等各领域，已成为新能源汽车市场准入、财政补贴、产品质量监管、检测认证、充电基础设施建设等方面工作的重要依据，有效支撑新能源汽车产业政策的落地实施。

巩固与提高

一、填空题

1. 目前，新能源汽车动力蓄电池补充电能的方式有_____和_____两种。
2. 电动汽车充电的方式可分为_____充电、_____充电和_____充电三种。
3. 我国的国家标准 GB/T 20234.3—2015 规定了交流充电接口采用_____的设计，直流充电接口采用_____的设计。
4. 充电站是采用整车充电模式为电动汽车提供_____的场所。
5. 根据配电容量及充电设备的数量，电动汽车充电站可分为_____、_____和_____三类。

6. 交流充电俗称为"慢充"，是指电网输入给车辆的电压为_____。

7. 交流充电的部件主要有_____（或 220V 交流电源）、交流充电插座（交流充电插座线束）、_____、车载充电机和车辆控制器等。

8. 交流充电桩直接给车载充电机提供_____交流或_____交流电源。

9. 交流充电桩的类型有_____式和_____式两种。

10. 车载充电机的主要作用是将来自电网的交流电变换为_____，给动力蓄电池充电。

11. 直流充电俗称为"快充"，是指外部电网输入给车辆的电压为_____。

12. 直流充电的部件主要有_____、直流充电插座和车辆控制器等。

13. 恒流充电法是指充电过程中使_____保持不变的充电方法。

14. 恒压充电法是指充电过程中保持_____不变的充电方法。

二、单项选择题

1. 不属于电动汽车充电方式的是（　　）。
  A. 交流充电　　　B. 直流充电　　　C. 无线充电　　　D. 换电

2. 中国新能源电动汽车采用的接口标准是（　　）。
  A. 美标 CCS1　　B. 欧标 CCS2　　C. 中国国标　　D. 日本标准

3. 随车配送且能够移动的充电部件是（　　）。
  A. 交流充电桩　　B. 交流充电插座　　C. 车载充电机　　D. 充电线

4. 交流充电接口中电源接口是（　　）。
  A. L1、L2 和 L3　B. CC　　　　　C. CP　　　　　D. PE

5. 交流充电时，给电动汽车上的用电器供电的是（　　）。
  A. 功率单元　　B. 低压辅助单元　　C. 控制单元　　D. 输出端口

6. 为车载的辅助蓄电池进行充电的是（　　）。
  A. AC/DC 变换器　B. DC/AC 变换器　C. DC/DC 变换器　D. AC/AC 变换器

三、简答题

1. 简述电动汽车换电流程。

2. 简述交流充电桩的使用方法。

3. 简述动力蓄电池充电的注意事项。

4. 简述恒流充电法的特点。

5. 简述恒压充电法的特点。

参 考 文 献

[1] 孙旭. 新能源汽车概论［M］. 2版. 北京：机械工业出版社，2023.
[2] 银石立方科技（北京）有限公司. 新能源汽车概论［M］. 北京：人民交通出版社有限公司，2016.
[3] 高建平. 新能源汽车概论［M］. 2版. 北京：机械工业出版社，2023.